essentials

essentials liefern aktuelles Wissen in konzentrierter Form. Die Essenz dessen, worauf es als „State-of-the-Art" in der gegenwärtigen Fachdiskussion oder in der Praxis ankommt. *essentials* informieren schnell, unkompliziert und verständlich

- als Einführung in ein aktuelles Thema aus Ihrem Fachgebiet
- als Einstieg in ein für Sie noch unbekanntes Themenfeld
- als Einblick, um zum Thema mitreden zu können

Die Bücher in elektronischer und gedruckter Form bringen das Fachwissen von Springerautor*innen kompakt zur Darstellung. Sie sind besonders für die Nutzung als eBook auf Tablet-PCs, eBook-Readern und Smartphones geeignet. *essentials* sind Wissensbausteine aus den Wirtschafts-, Sozial- und Geisteswissenschaften, aus Technik und Naturwissenschaften sowie aus Medizin, Psychologie und Gesundheitsberufen. Von renommierten Autor*innen aller Springer-Verlagsmarken.

Markus H. Dahm · Lukas Esters

Generational Leadership

Mit agilen Arbeitsmethoden die
Stärken aller Generationen nutzen

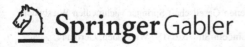

Springer Gabler

Markus H. Dahm
FOM Hochschule für Oekonomie &
Management
Hamburg, Deutschland

Lukas Esters
Hamburg, Deutschland

ISSN 2197-6708   ISSN 2197-6716   (electronic)
essentials
ISBN 978-3-658-42467-1   ISBN 978-3-658-42468-8   (eBook)
https://doi.org/10.1007/978-3-658-42468-8

Die Deutsche Nationalbibliothek verzeichnet diese Publikation in der Deutschen Nationalbiblio-grafie; detaillierte bibliografische Daten sind im Internet über https://portal.dnb.de abrufbar.

Planung/Lektorat: Angela Meffert
Springer Gabler ist ein Imprint der eingetragenen Gesellschaft Springer Fachmedien Wiesbaden GmbH und ist ein Teil von Springer Nature.
Die Anschrift der Gesellschaft ist: Abraham-Lincoln-Str. 46, 65189 Wiesbaden, Germany

Was Sie in diesem *essential* finden können

- Eine Einführung in das Thema generationsübergreifende Führung
- Einblicke in die Eigenschaften der Generationen Baby Boomer, X, Y und Z
- Erkenntnisse aus einer Studie darüber, inwieweit agile Arbeitsmethoden generationsübergreifende Führung unterstützen
- Ein Empfehlungsmodell für Führungskräfte – das Generational-Leadership-Modell
- Praxisnahe Empfehlungen für Führungskräfte

Vorwort

Wir freuen uns, dass Sie unser Buch über „Generational Leadership" und darüber, wie agile Arbeitsmethoden den Unterschied machen können, zur Hand genommen haben!

Unsere Gesellschaft befindet sich in einem ständigen Wandel und das betrifft auch die Arbeitswelt. Wir erleben derzeit einen Generationswechsel, der sich auch auf die Zusammenarbeit der verschiedenen Generationen auswirkt. Die ältere Generation bevorzugt traditionelle Arbeitsmethoden, während die jüngere Generation eher auf moderne Technologien und agile Arbeitsmethoden setzt. Dies führt oft zu Konflikten in der Zusammenarbeit zwischen den verschiedenen Generationen.

Doch wie können wir diesen Konflikten entgegenwirken und eine produktive Zusammenarbeit zwischen den Generationen ermöglichen? In diesem Buch werden wir uns mit dem Konzept des „Generational Leadership" beschäftigen und aufzeigen, wie agile Arbeitsmethoden den Unterschied machen können.

„Generational Leadership" bezieht sich auf die Führung und Zusammenarbeit von verschiedenen Generationen innerhalb eines Teams oder einer Organisation. Hierbei geht es darum, die Unterschiede und Stärken der einzelnen Generationen zu erkennen und diese in die Arbeit einzubeziehen. Es geht also nicht darum, die ältere Generation durch die jüngere zu ersetzen, sondern vielmehr darum, eine Brücke zwischen den verschiedenen Generationen zu bauen und ihre Zusammenarbeit zu fördern.

Agile Arbeitsmethoden können hierbei eine wichtige Rolle spielen. Sie zeichnen sich durch eine hohe Flexibilität und Anpassungsfähigkeit aus. Hierbei wird auf kurze Arbeitszyklen, regelmäßige Feedbackschleifen und eine offene Kommunikation gesetzt. Diese Arbeitsweise erlaubt es, schnell auf Veränderungen zu reagieren und eine hohe Produktivität zu erreichen.

Doch wie können wir agile Arbeitsmethoden in der Zusammenarbeit zwischen den verschiedenen Generationen erfolgreich einsetzen? Hierbei geht es vor allem darum, eine offene Kommunikation und eine positive Fehlerkultur zu fördern. Durch regelmäßige Feedbackschleifen können Probleme frühzeitig erkannt und gelöst werden. Auch sollten Entscheidungen gemeinsam getroffen werden, um alle Generationen einzubeziehen und ihre Perspektiven zu berücksichtigen.

In diesem Buch werden wir uns mit verschiedenen Aspekten des „Generational Leadership" und der Nutzung agiler Arbeitsmethoden beschäftigen. Wir werden aufzeigen, welche Vorteile diese Arbeitsweise mit sich bringt und wie wir sie erfolgreich umsetzen können. Hierbei werden wir auch auf konkrete Beispiele aus der Praxis zurückgreifen und aufzeigen, wie Unternehmen und Teams bereits erfolgreich agil arbeiten.

Wir hoffen, dass dieses Buch dazu beitragen wird, eine erfolgreiche Zusammenarbeit zwischen den verschiedenen Generationen zu fördern und neue Impulse für eine moderne Arbeitsweise zu setzen. Viel Spaß beim Lesen!

Das Autorenteam
Markus H. Dahm
Lukas Esters

Inhaltsverzeichnis

Über die Autoren

Prof. Dr. Markus H. Dahm (MBA) ist Organisationsentwicklungsexperte und Berater für Strategie, Digital Change & Transformation. Ferner lehrt und forscht er an der FOM Hochschule für Oekonomie & Management in den Themenfeldern Digitalisierung, Generationsübergreifende Zusammenarbeit in Unternehmen, Business Consulting und Organisationsgestaltung und -design. Er publiziert regelmäßig zu aktuellen Management- und Leadership-Fragestellungen in wissenschaftlichen Fachmagazinen, Blogs und Online-Magazinen sowie der Wirtschaftspresse. Er ist Autor und Herausgeber zahlreicher Bücher.

Lukas Esters (M.Sc.) ist Experte für agiles Arbeiten und aktuell bei der Digitalagentur diconium GmbH als Scrum Master beschäftigt. Seine Kunden begleitet er bei der agilen Transformation und unterstützt seine Teams bei der Umsetzung agiler Frameworks. Mehrere Jahre war es als Personalreferent & HR-Manager bei der Changepoint Unternehmensgruppe tätig. An der FOM Hochschule für Oekonomie & Management hat er Forschungsprojekte zu den Themen „Agile Arbeitsweisen" und „Generationsübergreifende Zusammenarbeit" vorangetrieben. Er hat

einen B.Sc. in Wirtschaftspsychologie sowie einen
Masterabschluss im Bereich Business Consulting &
Digital Management

Durch agile Arbeitsmethoden erfolgreich generationsübergreifend führen

1

Immer mehr Unternehmen stehen vor der Herausforderung, in einer komplexen und schnelllebigen Welt erfolgreich zu navigieren. Heutzutage müssen Unternehmen flexibel sein, wenn sie den Ansprüchen der Kunden und denen des Marktes gerecht werden wollen. Dabei wird in der Berufswelt oftmals von der sogenannten VUCA-Welt gesprochen. Diese Abkürzung steht für Volatility (Volatilität), Uncertainty (Unsicherheit), Complexity (Komplexität) und Ambiguity (Mehrdeutigkeit). Die Volatilität umschreibt die bereits angesprochene Schnelllebigkeit von zum Beispiel Kundenbedürfnissen und globalen Märkten. Für Unternehmen entsteht dadurch Unsicherheit in der Planung, welches den zweiten Aspekt einer VUCA-Welt darstellt. Aufgrund dieser beiden Aspekte müssen Unternehmen in der Lage sein, fundierte Entscheidungen schnell zu treffen. Um dieser Anforderung gerecht zu werden, setzen schon jetzt zahlreiche Unternehmen auf dezentrale Entscheidungsstrukturen. Diese sollen dazu beitragen, veraltete Entscheidungsstrukturen bis hoch in das Management zu durchbrechen und gleichzeitig mehr Verantwortung in die Teams zu tragen. Als dritter Aspekt der VUCA-Welt steht die Komplexität im Fokus. Sie steht für die zunehmende digitale Vernetzung von Prozessen und Systemen. Es entsteht ein Dschungel aus Daten und Informationen. Dabei können Informationen in diverse Richtungen interpretiert werden und es entsteht der vierte Aspekt der VUCA-Welt, die Mehrdeutigkeit.

Das hier umschriebene Umfeld ist für viele Organisationen schon lange Realität und zwingt sie zu einem Umdenken. Die klassischen Organisationskonzepte mit starren Hierarchien und langen Entscheidungswegen funktionieren nicht mehr. Hinzu kommt die über drei Jahre andauernde Coronapandemie, welche den Veränderungsdruck für viele Unternehmen nochmals erhöht hat. Um sich dieser Herausforderung zu stellen, setzen Unternehmen auf ein hohes Maß

© Der/die Autor(en), exklusiv lizenziert an Springer Fachmedien Wiesbaden
GmbH, ein Teil von Springer Nature 2023
M. H. Dahm and L. Esters, *Generational Leadership*, essentials,
https://doi.org/10.1007/978-3-658-42468-8_1

an Agilität und begeben sich in einen umfangreichen Transformationsprozess, indem sie gemeinsam mit ihren Mitarbeitern neue Strukturen und Arbeitsweisen schaffen. Auch wenn in Deutschland erst zehn Prozent der Unternehmen auf agiles Arbeiten setzen, werden in Zukunft mehr Unternehmen sich auf die agile Reise begehen müssen, um weiterhin wettbewerbsfähig zu bleiben (StepStone GmbH, 2020, S. 28). Diese Veränderung erfordert ein Umdenken der Mitarbeiter und zwingt Unternehmen zu einem kulturellen Wandel. Von Mitarbeitern und Führungskräften, die nach agilen Werten, Prinzipien und Methoden arbeiten, wird eine bestimmte Denkweise vorausgesetzt. Das agile Mindset dient als Basis für den erfolgreichen Einsatz agiler Arbeitsmethoden. Dabei spielen die agilen Arbeitsmethoden wie Scrum, Kanban oder Design Thinking eine entscheidende Rolle. Sie unterstützen Unternehmen dabei, die bereits angesprochenen veralteten Entscheidungsstrukturen aufzubrechen, mehr Verantwortung in die Teams zu tragen und dabei die Selbstorganisation der Mitarbeiter zu fördern.

In Bezug auf die Zusammenarbeit im Team steht insbesondere der Teamerfolg, die kontinuierliche Weiterentwicklung und das eigenverantwortliche sowie selbstorganisierte Arbeiten im Vordergrund. Damit einhergehend verändert sich auch die Aufgabe der Führungskraft. Sie übernimmt die Rolle als Coach und Berater, um ihre Mitarbeiter dahingehend zu befähigen, agil zu arbeiten. Die Herausforderung für die Führungskraft bei der Umsetzung agilen Arbeitens besteht unter anderem darin, auf die unterschiedlichen Bedürfnisse der verschiedenen Generationen einzugehen, da sich in einer agilen Organisation oftmals Arbeitsgruppen mit einer multidisziplinären Besetzung aus unterschiedlichen Generationen bilden. Jede Generation wird geprägt von ihrem privaten sowie beruflichen Umfeld und stellt demnach unterschiedliche Anforderungen und Wünsche an die Art und Weise der Zusammenarbeit. Dadurch entstehen Konfliktpotenziale in der generationsübergreifenden Zusammenarbeit; folglich ergibt sich eine zusätzliche Herausforderung für Führungskräfte, neben der agile Transformation auch erfolgreich generationsübergreifend zu führen. Agile Arbeitsmethoden können Führungskräfte hierbei unterstützen, indem sie den methodischen Rahmen für eine effektive Zusammenarbeit bieten und gleichzeitig den nötigen Freiraum für die persönlichen Bedürfnisse der Mitarbeiter geben. Wenn Führungskräfte die Vorteile agiler Arbeitsmethoden nutzen und sich der Bedürfnisse der altersgemischten Teams bewusst sind, können positive Synergien für eine erfolgreiche generationsübergreifende Führung geschaffen werden.

Um die Herausforderung der agilen Transformation und der generationsübergreifenden Führung in einem Führungsstil näher zu umschreiben, wurde von uns der Begriff „Generational Leadership" ausgewählt. Mit dem Buch gehen wir der

Fragestellung nach: Inwieweit können durch die Einführung agiler Arbeitsmethoden Führungskräfte dabei unterstützt werden, erfolgreich generationsübergreifend zu führen, und wie kann hierdurch die Zusammenarbeit verbessert werden?

Was ist Generational Leadership? 2

Der Begriff „Generational Leadership" findet in der Fachliteratur bislang keine tiefergehende Beachtung. Im Jahr 2011 veröffentlichten wissenschaftliche Mitarbeiter der Universität St. Gallen den Artikel „Generational Leadership – How to manage five different generations in the workforce". Der Artikel gewährt einen Einblick in die verschiedenen Charakteristika der Generationen und hebt hervor, dass Führungskräfte für eine erfolgreiche Zusammenarbeit individuell auf die unterschiedlichen Ansprüche der Generationen eingehen müssen (Kunze et al. 2011, S. 95). Eine Betrachtung der Generation Z in der Arbeitswelt war zum Zeitpunkt der Veröffentlichung dieses Artikels noch nicht möglich. In einem weiteren Artikel, welcher von Cornelia von Velasco (2017, S. 178) veröffentlicht wurde, nennt die Autorin den Begriff „Generationen-Leadership". Velasco sagt, dass Führungskräfte verschiedene Generationsperspektiven einnehmen müssen, wenn sie die Werte aller Mitarbeiter miteinander verbinden möchten. Das Ziel sei es hierbei, durch geteilte Werte und Regeln eine wertschätzende Zusammenarbeit zu fördern und dabei die kollektive Intelligenz der Generationen miteinander zu verbinden. Die Autorin gibt keine Empfehlung, welcher Führungsstil zur Erreichung dieser Art der Zusammenarbeit angewendet werden sollte.

Die Bedeutung einer generationsübergreifenden Führung wird in der Literatur des Öfteren hervorgehoben. Wie schon in Kap. 1 erwähnt, steht hierbei die Herausforderung, die unterschiedlichen Bedürfnisse der Generationen zusammenzubringen, im Vordergrund. Bereits bestehende Studien zu dem Thema Generationsmanagement in Unternehmen konnten erste Konfliktpotenziale bei der Zusammenarbeit verschiedener Generationen identifizieren. Diese umfassen unter anderem die Bereitschaft für Veränderung, entgegengebrachte Wertschätzung und Karrieremöglichkeiten. In Zusammenhang mit den verschiedenen Führungsstilen

M. H. Dahm and L. Esters, *Generational Leadership*, essentials, https://doi.org/10.1007/978-3-658-42468-8_2

konnte bislang kein Modell aufgestellt werden, das die Bedürfnisse der verschiedenen Generationen vereint und dabei das passende methodische Rahmenwerk für die Zusammenarbeit liefert. Ein erster Zusammenhang lässt sich zwischen dem transformationalen Führungsstil und einer generationsübergreifenden Führung erkennen. Dieser Führungsstil fokussiert sich unter anderem darauf, die Bedeutung von Teamerfolg und Teamleistung hervorzuheben. Eine sich darauf beziehende Studie, welche von Kerney und Gebert (2009, S. 80) durchgeführt wurde, konnte erstmals wissenschaftlich beweisen, dass der transformationale Führungsstil zu einer verbesserten Zusammenarbeit in altersgemischten Teams beiträgt.

2.1 Generationenmix im Unternehmen: Wie arbeiten die vier Generationen zusammen?

Aktuell befinden sich Unternehmen in der besonderen Situation, dass sich vier Generationen zum selben Zeitpunkt auf dem Arbeitsmarkt bewegen und zusammenarbeiten. Die Generation Baby Boomer, die Generation X, die Generation Y und die Generation Z. In diesem Abschnitt werden die vier Generationen näher erläutert und allgemeine Charakteristika herausgearbeitet. Da es in der Literatur keine einheitliche Einordnung der Generationen in Jahre gibt und sich die Kategorisierung auch länderübergreifend unterscheidet, wurde die deutsche Kategorisierung nach Klaffke (2021) herangezogen (s. Tab. 2.1). Klaffke beschäftigt sich schon über viele Jahre hinweg mit der Forschung im Bereich des Generationen-Managements in Unternehmen und gilt als Vorreiter in diesem Feld. Nach Klaffke lassen sich die geburtenstarken Jahrgänge der Baby Boomer zwischen den Jahren 1956 bis 1965 einordnen. Die Generation X bezeichnet die Jahrgänge des Zeitraums 1966 bis 1980 und es folgt die Generation Y, welche in den Jahren 1981 bis 1995 vertreten ist. Abschließend wird die jüngste Generation Z den Jahren 1996 bis 2010 zugeordnet (Klaffke 2021, S. 49).

Tab. 2.1 Einordnung der vier Generationen in Jahre

Generationsbezeichnung	Einordnung in Jahre	Aktuelles Alter 2023
Baby Boomer	1956–1965	58–67
Generation X	1966–1980	43–57
Generation Y	1981–1995	28–42
Generation Z	1996–2010	13–27

2.1.1 Die Baby Boomer: Erfahrene Arbeitnehmer im Unternehmen

Die Bezeichnung Baby Boomer findet ihren Ursprung in den USA und beschreibt die geburtenstarken Jahrgänge nach dem Zweiten Weltkrieg. Die Baby Boomer wuchsen in Deutschland in einer Zeit des Wiederaufbaus auf mit Werten wie Sicherheit, Pflichtbewusstsein und der Suche nach Beständigkeit (Kast 2021, S. 298). Das Eintreten in die Berufswelt erfolgte in den 1970er- und 1980er-Jahren, und da die Mehrheit eine solide Schul- und Berufsausbildung genießen durfte, erfolgte der Berufseinstieg mit viel Selbstbewusstsein. In der Literatur werden sie als hochmotivierte Mitarbeiter umschrieben, mit einer hohen Loyalität gegenüber ihrem Arbeitgeber (Yu und Miller 2005, S. 36). Darüber hinaus werden sie als sehr engagierte Mitarbeiter mit einem hohen Maß an Verbundenheit gegenüber ihren Aufgaben dargestellt, was sich wiederum durch das bereits erwähnte Pflichtbewusstsein erklären lässt. Williamson et al. (2010, S. 180) beschreiben des Weiteren die Generation Baby Boomer als sehr soziale Menschen, welche viel Wert auf persönliche Interaktion am Arbeitsplatz legen. Den Wunsch nach sozialen Kontakten und Interaktionen bestätigt auch die deutsche Wissenschaftlerin Jutta Oertel. Als Grund nennt Oertel (2021, S. 55 f.) unter anderem prägende Ereignisse, wie die Phasen der Wiedervereinigung und der Gleichberechtigung in Deutschland, bei denen immer wieder ein starkes kollektives Handeln innerhalb der Gesellschaft zu beobachten war.

In Bezug auf die Digitalisierung zeigen sich unterschiedliche Meinungen in der Literatur. Einerseits werden die Baby Boomer als ungeschickt im Umgang mit neuen Technologien bezeichnet (Yu und Miller 2005, S. 36) und es wird behauptet, dass sie die Digitalisierung sogar als Bedrohung wahrnehmen (Oertel 2021, S. 60). Auf der anderen Seite werden sie als aufgeschlossen gegenüber der Digitalisierung charakterisiert. Auch die ältere Generation will dazulernen, um in der digitalisierten Arbeitswelt nicht den Anschluss zu verlieren. Dennoch suchen Baby Boomer nach Beständigkeit in ihrem Leben und verlangen von ihrer Arbeit vor allem Sicherheit. Demnach wünschen sie sich keine ständigen Veränderungen am Arbeitsplatz. Dies wiederum führt dazu, dass von Arbeitgebern initiierte Veränderungs- und Transformationsprozesse oft auf Widerstand bei den Baby Boomer treffen. Insbesondere bei radikalen und schnellen Richtungswechseln, zum Beispiel in der Art und Weise, wie zukünftig zusammengearbeitet werden soll, stoßen Unternehmen bei Baby Boomern auf Ablehnung. Dennoch gelten die Baby Boomer aufgrund ihrer Ausbildung und erlebten Erfahrung als wichtige Wissensquelle für Unternehmen und nachfolgende Generationen an Mitarbeitern. Es ist eine Generation, die zum Ende des tayloristischen Industriezeitalters in das Arbeitsleben eingetreten ist und die Übergangsphase in das Wissenszeitalter aktiv mitgestaltet hat.

2.1.2 Die Generation X: Die Mittelgeneration im Arbeitsleben

Die Generation X, auch bekannt als die Generation Golf, wurde zwischen den 1960er- bis Ende der 1970er-Jahre geboren (Oertel 2021, S. 68). Die Angehörigen dieser Generation wuchsen in einem veränderten Familienumfeld auf, da in vielen Familien die Frauen wieder arbeiten gingen und sich dadurch das klassische Familienbild der vorherigen Generationen langsam auflöste (Mangelsdorf 2017, S. 16). Hieraus lassen sich die in der Literatur immer wieder genannten Eigenschaften der Unabhängigkeit und Selbstständigkeit dieser Generation erklären, da sie frühzeitig im Alltag ihrer Kindheit auf sich gestellt war. Der Eintritt in das Berufsleben erfolgte zu Zeiten verschiedener Wirtschaftskrisen in den 1980er- und 1990er-Jahren und demnach unter erschwerten Bedingungen. Die Generation X stellt die Arbeit in den Mittelpunkt und nimmt für den beruflichen Erfolg die fehlende Zeit für Privatleben und Freizeit in Kauf (Mangelsdorf 2017, S. 16). Im Arbeitsalltag wirkt sich das durch eine Zielstrebigkeit bei der Bearbeitung von Aufgaben aus. Durch ihren ausgeprägten Individualismus präferiert die Generation X das Arbeiten für sich, legt aber gleichzeitig viel Wert auf eine angenehme Arbeitsatmosphäre. Das Arbeiten im Team ist weiterhin gewünscht, wenn sich dadurch Vorteile ergeben und keine Konkurrenz mit Blick auf ihren beruflichen Erfolg entsteht (James 2017, S. 4). Um weiterhin unabhängig zu bleiben, wünscht sich die Generation X Freiraum in der Art und Weise, wie Aufgaben erfüllt werden und sie teilt sich ihre Arbeit am liebsten selbst ein. Dabei vertraut die Generation X auf ihre Kompetenz und erwartet das gleiche entgegengebrachte Vertrauen von ihren Arbeitgebern. In einer Studie, durchgeführt 2021 von der Personalberatung Odgers Berndtson (2021, S. 50) und mit 2200 befragten Führungskräften, gaben 98,4 % der Teilnehmer, die der Generation X angehörten, an, dass das Einsetzen der persönlichen Stärken sie am ehesten für ihren weiteren Berufsweg motiviert. Dies kann sich positiv auf den unternehmerischen Erfolg, aber negativ auf die Gesundheit der Generation X auswirken, da sie oftmals vergisst, sich klare Grenzen zu setzen. Oertel (2021, S. 73) nimmt hierbei die Arbeitgeber und insbesondere die Führungskräfte in die Pflicht, Grenzen zu ziehen und die Generation teilweise vor sich, ihrer hohen Motivation und ihrer Verbundenheit gegenüber den Aufgaben zu schützen. Aufgrund ihrer guten Ausbildung und ihrer umfassenden fachlichen Expertise gelten Menschen der Generation X in Unternehmen als zuverlässige Ansprechpartner für andere Mitarbeiter. Dabei fühlt sich die Generation wertgeschätzt, wenn sie für ihr fundiertes Fachwissen als Ratgeber und Unterstützer herangezogen wird, auch in Bezug auf ihr technologisches Verständnis.

2.1.3   Die Generation Y: Die Digital Natives im Fokus

Die Generation Y, umgangssprachlich Millennials, findet in der Literatur am meisten Aufmerksamkeit. Sie wurde in den letzten Jahren von allen Seiten beleuchtet und es werden immer noch Untersuchungen vorgenommen, um diese Generation zu verstehen. Das Y beschreibt die Rangfolge nach der Generation X. Darüber hinaus wird das Y aber auch in vielen Fällen auf das englische Wort „Why" für „warum" übertragen. Das „Warum" bezieht sich darauf, dass diese Generation mehr Fragen stellen soll als andere Generationen und im Allgemeinen auch vieles im Leben kritisch hinterfragt. Der Eintritt in das Berufsleben erfolgte in den ersten beiden Jahrzehnten des neuen Jahrtausends. Somit ist die Generation Y die erste Generation, die während der Digitalisierung aufwuchs und von Beginn an neue digitale Technologien in der Arbeitswelt einsetzen musste. Der technologische Fortschritt und die Globalisierung von Märkten beeinflussten das Verhalten dieser Generation. Sie erlebten die Echtzeitkommunikation über soziale Netzwerke und Kommunikationsdienste wie *WhatsApp*. Im Berufsleben spiegelt sich das unter anderem durch den Wunsch nach direktem und zeitnahem Feedback und Verlangen nach nachregelmäßigen Austauschmöglichkeiten am Arbeitsplatz wider (Brinkmann 2020, S. 44). In dem Artikel „The Me Me Me Generation", der 2013 im TIME Magazin veröffentlicht wurde, beschreibt der Autor die Generation Y als egoistisch (Stein 2013, S. 1). Dabei lässt sich der Vorwurf des Egoismus durch die starke Förderung des Individualismus anhand individueller digitaler Angebote wie Streaming oder Online-Shopping erklären (Klaffke 2021, S. 86). Es ist eine Generation, die erstmals selbst entscheiden kann, wann und wie etwas für sie verfügbar scin soll, weswegen Menschen dieser Generation neben dem Individualismus Werte wie Mitbestimmung und Unabhängigkeit verkörpern. Mehr als jede andere Generation zuvor hinterfragt die Generation Y die Sinnhaftigkeit ihrer Arbeit und inwieweit die Arbeit zur eigenen Selbstverwirklichung beitragen kann. Kochhan et al. (2021, S. 65) sprechen bei diesem Vorgehen von einer normativen Subjektivierung von Arbeit. Dies bedeutet, dass Mitarbeiter die Sinnhaftigkeit ihrer Arbeit ihren eigenen Werten gegenüberstellen und vergleichen. Unternehmen stellt das vor neue Herausforderungen. Sie müssen der Generation Y gewährleisten, dass die Arbeitszeit sinnvoll genutzt werden kann und die Erfahrung von Lebensfreude sich nicht nur auf das Private begrenzt, sondern auch auf das Berufliche überträgt.

2.1.4 Die Generation Z: Neue Arbeitskräfte mit eigenen Ansprüchen

Die Generation Z ist die aktuell jüngste Generation am Arbeitsmarkt und der Eintritt in das Erwerbsleben erfolgt seit Mitte der 2010er-Jahre. In der Literatur werden die dieser Generation Angehörigen als die wahren „Digital Natives" betitelt, da sie die erste Generation sind, die ganzheitlich im Zeitalter des Internets aufwächst. Sie beherrschen die neuen Medien und kennen sich mit dem aktuellen technologischen Standard gut aus, weshalb sie umso mehr die Bedürfnisse nach Flexibilität und Freiheit in den Vordergrund stellen. Hier knüpft die Generation Z an die Bedürfnisse der Generation Y an, jedoch wird sie in der Literatur als weitaus fordernder in ihren Bedingungen in Bezug auf einen an ihre Bedürfnisse ausgerichteten Arbeitsplatz beschrieben (Scholz 2014, S. 13). In der Arbeitswelt zeichnet sich dieses Verhalten durch eine geringe Loyalität gegenüber den Arbeitgebern und die Bereitschaft kurzfristiger Kündigungen aus, sollten die geforderten Rahmenbedingungen nicht gegeben sein (Meyer 2020, S. 5). Die Generation Z sucht, wie die vorhergehende Generation Y, eine Sinnhaftigkeit in ihrer Arbeit. Dabei spielt auch hier der Wunsch nach mehr Selbstbestimmung, um sich persönlich entfalten zu können, eine entscheidende Rolle. Wie bei keiner anderen Generation werden in der Literatur immer wieder die Einflüsse der Digitalisierung und der Umgang mit modernen Technologien auf das Verhalten der Generation Z übertragen. Dabei spricht Klaffke (2021, S. 115) von einer Generation, die verstärkt nach Orientierung im Leben sucht. Es fällt ihr schwer, Entscheidungen zu treffen, da sie mit einem digitalen Überangebot von Handlungs- und Konsumalternativen konfrontiert wird. Hinzu kommt die Angst davor, falsche Entscheidungen zu treffen und somit etwas Wichtiges zu verpassen und den Anschluss an zum Beispiel neue Trends im Internet zu verlieren. Diese Schnelllebigkeit im Internet lässt sich im Berufsleben durch einen Mangel an Geduld und generell schnellere Unzufriedenheit beobachten (Eilers 2019, S. 374). Darüber hinaus verlangt die Generation Z schnelles Feedback zu ihren Handlungen und ist immer auf der Suche nach Bestätigung (Brademann und Piorr 2019, S. 347). Dieses Verhalten lässt sich auf das Online-Leben in den sozialen Netzwerken zurückführen, da hier die Echtzeitkommunikation und die Echtzeitreaktion auf Inhalte durchgehend gelebt werden. Für die Generation Z ist diese Art der Kommunikation eine Selbstverständlichkeit und stellt Unternehmen und insbesondere Führungskräfte vor die Herausforderung, den Bedürfnissen dieser Generation gerecht zu werden.

2.2   Generationskonflikte in Unternehmen

2.2.1 Konflikte bei der generationsübergreifenden Führung in Unternehmen

Führungskräfte begegnen immer mehr der Herausforderung, den Bedürfnissen von vier Generationen gerecht zu werden. Sie stehen vor der Aufgabe, altersgemischte Teams erfolgreich zu führen und mögliche Konfliktpotenziale frühzeitig zu erkennen und zu adressieren. Oftmals ist ein Spagat der Führungskraft notwendig, um den Mitarbeitern unterschiedlicher Generationen die nötige Struktur und gleichzeitig den gewünschten Freiraum zu geben. Stereotype und Vorurteile über die verschiedenen Generationen erschweren es Führungskräften zusätzlich, erfolgreich generationsübergreifend zu führen.

Den Baby Boomern, die am Anfang ihrer beruflichen Laufbahn einen autoritären Führungsstil kennengelernt haben, fällt es schwer, sich aktiv an Entscheidungsprozessen zu beteiligen, insbesondere wenn ein partizipativer Führungsstil gefordert wird. Die Verantwortung der Führungskräfte besteht darin, die Baby Boomer langsam an moderne Führungsstile heranzuführen. Ein radikaler Wechsel bei einer Generation, die nach Sicherheit und Beständigkeit sucht, wird nicht funktionieren. Konflikte können auch dann entstehen, wenn die Baby Boomer die Führung von weitaus jüngeren Generationen übernehmen muss, da hier gegensätzliche Bedürfnisse aufeinandertreffen. Die Generationen Y und Z fordern Partizipation und möchten in Entscheidungsprozesse eingebunden werden. Deshalb müssen die Führungskräfte der Baby Boomer lernen, die Perspektiven jüngerer Generationen zu verstehen und nicht ihr eigenes Verhalten auf diese Generationen zu übertragen.

Ein weiterer wichtiger Aspekt der generationsübergreifenden Führung ist der Umgang mit Autorität. Für die Baby Boomer war es lange Zeit möglich, durch einen großen Vorsprung an Wissen und Erfahrung gegenüber nachfolgenden Generationen einen autoritären Führungsstil anzuwenden. Im digitalen Zeitalter verliert diese Autorität jedoch vermehrt an Bedeutung. Jüngere Generationen holen den Wissensvorsprung ein und insbesondere in den digitalen Bereichen sind sie bereits weitaus kompetenter. Ältere Führungskräfte der Generation Baby Boomer und der Generation X müssen sich demnach darauf fokussieren, die digitalen Kompetenzen und das Wissen der jüngeren Mitarbeiter zu fördern und die Autorität durch kollaborative Aspekte der Führung zu ersetzen. Ein weiterer Aspekt, bei dem mögliche Konflikte bei einer generationsübergreifenden Führung entstehen können, ist der unterschiedliche Umgang der Verantwortungsübernahme bei den Generationen. Die Generation X fordert von ihrer Führungskraft, ein hohes Maß an Verantwortung übertragen zu bekommen. Dabei sollte auch unternehmerische Verantwortung übertragen werden, um das volle Potenzial der Generation X auszuschöpfen. Durch ihre motivierte Arbeitsmoral sucht diese Generation Erfolge, die über den eigenen Verantwortungsbereich hinausgehen und der Organisation helfen, ihre Ziele zu erreichen (Joyce 2016, S. 27). Auch die Generation Y wünscht sich über den eigentlichen Verantwortungsbereich gehende Mitbestimmung innerhalb der Organisation. Des Weiteren verlangt sie von ihren Führungskräften die Möglichkeit des selbstorganisierten Arbeitens, wünscht sich aber dennoch die enge Zusammenarbeit im Team (von Wissmann 2021, S. 15).

Ein weiterer wichtiger Aspekt der generationsübergreifenden Führung ist die Kommunikation und das Geben von Feedback. Dabei spielen die Häufigkeit des Feedbacks und die Art und Weise, auf welchem Wege kommuniziert wird, eine entscheidende Rolle. Für die Baby Boomer ist die regelmäßige Wertschätzung der Arbeit durch die Führungskraft von großer Bedeutung. Hierzu fordern sie regelmäßiges Feedback ein. Für die Generation Z ist der digitale Kommunikationsweg selbstverständlich und ältere Führungskräfte müssen sich diesem Bedürfnis anpassen. Die Generation Y wünscht sich ein zeitnahes und direktes Feedback zu ihren Leistungen durch ihre Führungskraft. Jedoch anders als die Generation Z und vergleichbar mit der Generation Baby Boomer bevorzugen die Millennials den persönlichen Austausch (Joyce 2016, S. 27). Für die Generation X spielt ein direktes und konstruktives Feedback zu ihrer Tätigkeit eine ebenso wichtige Rolle wie der Wunsch nach Eigenständigkeit (James 2017, S. 4). Folglich ist es eine herausfordernde Aufgabe für Führungskräfte, auf der einen Seite den gewünschten Freiraum zu gewährleisten und auf der anderen Seite nah am Mitarbeiter zu sein und zeitnahes Feedback zu geben.

2.2.2 Konflikte bei der generationsübergreifenden Zusammenarbeit in Unternehmen

Wie schon bei der generationsübergreifenden Führung verschulden auch in altersgemischten Teams die Vorurteile und die Stereotypen über die jeweilige Generation Konflikte und Subgruppenbildungen. Auch wenn Stereotype vereinzelt zutreffen können, basieren diese oftmals auf unreflektierten Verallgemeinerungen und weichen stark von der eigentlichen Realität ab. Dies führt zu einer Voreingenommenheit und unbewussten Meinungsverzerrung unter den Mitarbeitern. Dabei besteht die Basis für den Erfolg altersgemischter und heterogener Teams aus Fairness und Vertrauen. Sie bilden das Fundament für einen offenen und respektvollen Umgang miteinander und schaffen Raum für wichtige Diskussionen und konstruktives Feedback. Somit ist es umso wichtiger, dass altersgemischte Teams zum Beispiel von der Führungskraft oder Coaches dahingehend begleitet werden, gemeinsame Werte zu formen und nach diesen zu arbeiten.

Für die Generation Y ist die Vereinbarkeit ihrer Werte mit denen des Unternehmens ein wichtiger Aspekt. Dabei unterscheidet sich ihre Arbeitsweise stark von derjenigen der Generation X, die oftmals ihre eigene Leistung über den Konsens gemeinsamer Werte priorisiert (Häusling 2020, S. 26). Durch die unterschiedlichen Vorstellungen der Zusammenarbeit dieser beiden Generationen entstehen Konfliktfelder, die es altersgemischten Teams erschweren, sich zu erfolgreichen und produktiven Teams zu entwickeln.

Auch die Digitalisierung und die damit einhergehende Schnelllebigkeit von Prozessen stellen die generationsübergreifende Zusammenarbeit vor Herausforderungen. Das volatile Umfeld verlangt ein Umdenken der Art und Weise der Zusammenarbeit und zwingt Unternehmen, ihre bisherigen klassischen und hierarchischen Arbeitsmodelle zu hinterfragen. Für die ältere Generationen kann die tägliche Flut an Informationen überfordernd wirken, wobei die jüngere Generation durch immer wieder neue Reize und Impulse motiviert wird. Deswegen wünschen sich auch die Generationen Y und Z eine Aufgabenvielfalt am Arbeitsplatz (Grabbe et al. 2021, S. 145). In einer Generationsstudie der Wirtschaftskammer Wien (Kolland und Wanka 2015, S. 23), gaben 60,8 % der Teilnehmer, die der Generation Y angehören, an, dass für sie bei der Einführung neuer Technologien die meisten Konflikte mit den älteren Generationen entstehen. Weiterhin sieht fast jeder dritte Teilnehmer der Generation Baby Boomer ein erhöhtes Konfliktpotenzial durch den fehlenden entgegengebrachten Respekt der jüngeren Generation. Konflikte in der generationsübergreifenden Zusammenarbeit führen oftmals zu einem Konkurrenzgedanken in Unternehmen, welcher sich auf ganze Abteilungen übertragen kann. Daher ist es umso wichtiger, dass innerhalb altersgemischter Teams auf Augenhöhe und wertschätzend miteinander agiert wird. Es bedarf einer konstruktiven Zusammenarbeit und einer Arbeitsatmosphäre, in der voneinander gelernt wird und eine Weitergabe von Erfahrung und Wissen möglich ist, um die eigentlichen Vorteile altersgemischter Teams im Unternehmen zu nutzen. Des Weiteren wird die enge Arbeit im Team immer wichtiger, da Unternehmen vermehrt auf agile Organisationsstrukturen setzen und hier eine intensive und funktionierende Teamarbeit im Vordergrund steht.

Umsetzung der Agilität in Unternehmen

3

3.1 Das agile Mindset

Das *agile Mindset* (agile Denkweise) bildet das Fundament für das erfolgreiche Umsetzen agiler Praktiken in Unternehmen und sollte bei jeder agilen Transformation als oberste Priorität angesehen werden. Es handelt sich hierbei um eine dynamische Denkweise, die Unternehmen und Mitarbeiter dazu befähigt, sich stetig weiterzuentwickeln. Das agile Arbeiten und Mindset kommen aus dem Bereich der Softwareentwicklung, da hier frühzeitig erkannt wurde, dass die klassischen und starren Denkweisen sowie Projektmanagementmethoden nicht mehr den Anforderungen einer VUCA-Welt gerecht werden können. Deswegen trafen sich bereits 2001 17 Personen aus dem technologischen Umfeld und entwarfen das sogenannte *Agile Manifesto,* welches aus vier Grundwerten besteht, die bis heute leitend für die Adaption einer agilen Denkweise stehen. Ein weiterer Bestandteil des agilen Manifests sind die 12 agilen Grundprinzipien, die auf Basis der vier Leitwerte gebildet wurden und ausschlaggebend für weitere agile Handlungen sind (Beck et al. 2001).

Bei den vier Werten handelt es sich um folgende Formulierungen, wobei die Werte auf der rechten Seite des jeweiligen Satzes nicht als unwichtig betrachten werden, jedoch den Werten auf der linken Seite in einer agilen Welt mehr Bedeutung zugesprochen wird:

1. Individuen und Interaktionen haben Vorrang vor Prozessen und Werkzeugen.
2. Funktionierende Produkte haben Vorrang vor umfassender Dokumentation.
3. Zusammenarbeit mit dem Kunden hat Vorrang vor Vertragsverhandlungen.
4. Das Eingehen auf Veränderung hat Vorrang vor strikter Planverfolgung.

M. H. Dahm and L. Esters, *Generational Leadership*, essentials,
https://doi.org/10.1007/978-3-658-42468-8_3

Sie bilden das Gerüst für eine agile Denkweise und werden in vielen Unternehmen über die Bereiche der Softwareentwicklung hinaus gelebt.

Wie bereits erwähnt, bildet das agile Mindset das Fundament für den Einsatz agiler Methoden und Rahmenwerke in Unternehmen. Anhand der Abb. 3.1 lässt sich dies verdeutlichen. Sie zeigt auf, wie die verschiedenen Aspekte einer ganzheitlichen agilen Transformation aufeinander aufbauen.

Bei einem agilen Mindset stehen die Einstellungen sowie die Haltungen des Mitarbeiters im Vordergrund und weniger die eigentlichen Fähigkeiten. Ein wichtiger Aspekt einer agilen Haltung ist die Bereitschaft, sich kontinuierlich weiterzuentwickeln. Dafür werden regelmäßige Phasen der Reflexion eingeführt, um Fehler zu identifizieren, diese anzunehmen und im nächsten Schritt als positive Lernimpulse zu verarbeiten. Ein solches Vorgehen setzt eine offene Fehlerkultur innerhalb der Unternehmen voraus und die Bereitschaft des Mitarbeiters, sich regelmäßig auf Veränderungen einzulassen. Ein weiterer Aspekt einer agilen Denkweise ist der hohe Stellenwert von Teamerfolg. Das Kollektiv steht vor dem

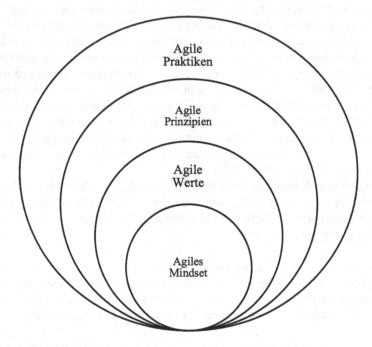

Abb. 3.1 Die agile Zwiebel. (In Anlehnung an Measey 2015, S. 11)

Individuum und das Team muss sich gemeinsam kontinuierlich weiterentwickeln, um langfristig erfolgreich zu sein. Das übergeordnete Ziel dieser Haltung ist es, eine gemeinsame und einheitliche Identität über die Gruppenzugehörigkeit zu bilden, mit der sich jeder Mitarbeiter identifizieren kann. Des Weiteren unterstützt die Adaptation eines agilen Mindsets die Mitarbeiter dabei, die Sinnhaftigkeit und den Mehrwert von agilen Praktiken zu verstehen. Oftmals verstehen die Mitarbeiter innerhalb einer Organisation, was sie machen, aber nicht, warum sie es machen. Dieses fehlende Wissen kann dazu führen, dass der gewünschte Effekt des agilen Arbeitens ausbleibt. Ebenso wichtig wie die Bereitschaft, sich kontinuierlich weiterzuentwickeln, und der gemeinsame Erfolg ist das Streben nach Selbstorganisation und Selbstverantwortlichkeit von Teams. Hierbei handelt es sich um einen Kernaspekt des agilen Mindsets und eine Einstellung, die entscheidend für die Umsetzung agiler Praktiken innerhalb einer Organisation ist. Die Verinnerlichung von Selbstorganisation und eigenverantwortlichem Handeln geht oftmals mit einem längeren Transformationsprozess einher. Dabei ist es von hoher Bedeutung, dass diese Haltung über die Teamarbeit hinaus und in der gesamten Organisation gelebt wird. Die Strukturen und Prozesse eines Unternehmens müssen demnach so gestaltet werden, dass eine Kultur entsteht, die sowohl Eigenverantwortung als auch selbstorganisiertes Arbeiten fördert. Für die Umsetzung werden in der Praxis unterschiedliche Herangehensweisen ausgewählt. Ein sehr bekanntes Beispiel ist das schwedische Musik-Streaming-Unternehmen *Spotify*. Das Unternehmen strukturiert seine komplette Organisation in selbstorganisierenden Teams, den sogenannten „Squads". Ein Spotify-Squad besteht in der Regel aus etwa 6 bis 12 Personen und umfasst verschiedene Rollen wie Entwickler, Designer, Produktmanager und andere Fachleute, die für die Erfüllung der Teamziele notwendig sind. Jedes Squad ist autonom und verantwortlich für die Planung, Umsetzung und kontinuierliche Verbesserung der ihnen zugewiesenen Aufgaben. Squads leben eine agile Denkweise und haben einen hohen Grad an Entscheidungsbefugnis und Flexibilität bei der Gestaltung ihrer Arbeitsweise. Sie treffen ihre eigenen Entscheidungen in Bezug auf Prioritäten, Arbeitsmethoden und Technologien, die sie verwenden möchten.

Das agile Mindset, bestehend aus dem agilen Manifest mit den agilen Werten und Prinzipien, bildet für Unternehmen und Führungskräfte den nötigen Rahmen, um sich ganzheitlich agil aufzustellen. Für die inhaltliche Ausgestaltung innerhalb dieses Rahmens ist jede Organisation für sich selbst verantwortlich. Dabei spielen Führungskräfte eine umso wichtigere Rolle, da sie dazu aufgefordert werden, die Verantwortung in die Teams hineinzutragen und das gegenseitige Vertrauen zwischen Mitarbeiter und Führungskraft zu stärken.

3.2   Agile Leadership

Der agile Führungsstil bedeutet in erster Linie, die in Abschn. 3.1 beschriebenen agilen Einstellungen und Haltungen ganzheitlich zu leben und in die Organisation hineinzutragen. Hierbei muss die Führungskraft als Vorbild vorangehen und die agilen Werte und Prinzipien zu jeder Zeit verinnerlichen und vorleben. Der Einsatz der richtigen Methoden und Tools folgt an zweiter Stelle. Die agile Führungskraft tritt als Experte für agile Werte, Prinzipien und Praktiken im Unternehmen auf. Dabei fungiert die agile Führungskraft als sogenannter *Change-Agent* und kann flexibel auf Veränderungen im Umfeld reagieren und versucht dabei die Bedürfnisse des Teams sowie des Kunden immer in den Mittelpunkt zu stellen. Ein Erfolgsbeispiel aus der Praxis ist der Online-Händler *Zalando*. Das Unternehmen hat seine Führungsstruktur auf agile Prinzipien umgestellt und seine Führungskräfte zu agilen Experten ausgebildet, welche die agilen Werten und Prinzipien vorleben. Das Unternehmen hat es dadurch ermöglicht, crossfunktionale Teams aufzubauen, kurze Entscheidungswege zu etablieren und dem gesamten Unternehmen eine kontinuierliche Verbesserung zu ermöglichen.

Neben der Fähigkeit, auf Veränderungen zu reagieren, ist es weiterhin auch die Aufgabe der Führungskraft, das Team vor stetigen Einflüssen und Veränderungen durch das (VUCA-)Umfeld zu schützen und damit die Produktivität der selbstorganisierten Teams aufrechtzuerhalten. Hierbei müssen mögliche Hindernisse (Impediments) und Störfaktoren aus der Organisation, die die Effizienz des Teams beeinflussen könnten, beseitigt werden. Folglich lässt sich die Arbeit und Führung des *Agile Leaders* als eine Art Dienstleistung für die Mitarbeiter verstehen und die Führungskraft stellt die Bedürfnisse und das Wohlergehen der Teams an erste Stelle. Das Ziel ist es, insbesondere die intrinsische Motivation der Mitarbeiter aufrechtzuerhalten. Dabei erkennt eine agile Führungskraft die Stärken und Schwächen jedes Einzelnen und bietet individuelle Förderung und Unterstützung an. Nur so lässt sich aus den unterschiedlichen Persönlichkeiten und Kompetenzen ein crossfunktionales Team mit einer gemeinsamen Vision formen. Agile Führungskräfte müssen einen Rahmen schaffen, in dem die Mitarbeiter dazu ermutigt werden, ihre eigenen Stärken zu entfalten, und offen dafür sind, neue Fähigkeiten zu erlernen. Innerhalb dieses Rahmens spielen ausreichend Reflexionsräume und gezielte Retrospektiven eine bedeutende Rolle. Eine agile Führungskraft muss ihre Mitarbeiter ermutigen, sich selbst zu reflektieren und Verbesserungspotenziale zu identifizieren, um dem agilen Prinzip des stetigen Lernens und der kontinuierlichen Weiterentwicklung gerecht zu werden. Neben der Selbstreflexion ist es im Allgemeinem Hauptverantwortung der agilen Führung, die Selbstständigkeit und Selbststeuerung der Mitarbeiter zu fördern.

Dabei spielen das gegenseitige Vertrauen und die Ehrlichkeit zueinander eine entscheidende Rolle. Das Vertrauen führt zu mehr psychologischer Sicherheit und stärkt somit die Verbundenheit der Mitarbeiter gegenüber der Aufgabe und der Organisation. Die Ehrlichkeit fördert die Transparenz sowie die Kommunikation und zusammen entstehen Werte wie Offenheit, Respekt und Mut, welche ausschlaggebend für die Umsetzung agiler Praktiken sind.

Ein bekanntes Unternehmen, in dem Führungskräfte über Vertrauen und Offenheit die Verantwortung an ihre Teams und Mitarbeiter übertragen, ist der Online-Schuhhändler *Zappos*. Die agilen Führungskräfte in diesem Unternehmen ermutigen ihre Mitarbeiter dazu, eigenständig Entscheidungen zu treffen und somit innovative Prozesse und Ideen zu fördern. Dabei geben die Führungskräfte einen Teil ihrer Verantwortung in die Teams und unterstützen sie dabei, mit dieser Verantwortung erfolgreich umzugehen. Für die erfolgreiche Abgabe von Verantwortung werden Verantwortungsbereiche der Führungskraft auf verschiedene Rollen innerhalb der agilen Methodiken aufgeteilt und es entsteht ein Ansatz des sogenannten *Shared Leaderships*. Dieser Ansatz bedarf neben klaren Rahmenbedingungen, bestehend aus Regeln und Standards, eines einheitlichen Rollenverständnisses innerhalb der Teams, um Unstimmigkeiten in der geteilten Verantwortungsübernahme zu vermeiden. Des Weiteren bedarf es einer Organisationsform mit flachen Hierarchien, um den Führungskräften die nötige Unterstützung für die Anwendung eines solchen Verantwortungskonzepts zu geben. Dennoch entstehen durch die geteilte Verantwortung auch Konfliktpotenziale für agile Führungskräfte, da sie einen Teil ihrer klassischen Führungsautorität abgeben müssen. Dabei verändert sich die klassische Autorität, kommend aus der Industriekultur, zu einer transformativen Autorität, bei welcher die bereits erwähnten Werte wie Offenheit, Respekt und die Sinnhaftigkeit der Tätigkeit im Vordergrund stehen. Das Übertragen von Autorität an die Mitarbeiter unterstützt die gewünschte Selbstführung bei agilen Handlungen. Hierbei ist es wichtig, dass die Führungskraft weiterhin als Coach fungiert und den Mitarbeitern das nötige methodische Fachwissen für den richtigen Umgang mit der neuen Verantwortung übermittelt.

Agile Leadership bedeutet, das agile Mindset zu verinnerlichen und dementsprechend zu führen. Eine agile Führungskraft versteht sich als Dienstleister für ihre Mitarbeiter und stellt das Interesse der Mitarbeiter und der Organisation über das eigene. Dabei unterstützt ein agiler Führungsstil die Mitarbeiter dabei, zu mehr Selbstständigkeit und Selbstverantwortung zu kommen. Die Führungskraft übernimmt die Rolle als Change Agent und Coach und sorgt dafür, dass die Mitarbeiter und Teams ohne Störfaktoren an ihrer gemeinsamen Vision arbeiten können. Des Weiteren verfolgt eine agile Führungskraft den Ansatz, ihre

Mitarbeiter dahingehend zu begleiten, eine Sinnhaftigkeit in der Arbeit und ausführenden Tätigkeit zu finden, und unterstützt die persönliche Entwicklungsreise des Individuums. Gleichzeitig werden ausreichend Freiräume für neue Ideen und kollektive Intelligenz geschaffen.

3.3   Agile Arbeitsmethoden

3.3.1   Scrum

Die agile Arbeitsmethode *Scrum* ist in der unternehmerischen Praxis weitverbreitet und findet in vielen Bereichen Anwendung, wenn Organisationen sich dazu entscheiden, agil zu arbeiten. Scrum wurde Anfang der 1990er-Jahre von Jeff Sutherland und Ken Schwaber entwickelt, und die beiden Gründer definieren die agile Arbeitsmethode Scrum über verschiedene Rollen, Artefakte und sich wiederholende Events, siehe dazu Abb. 3.2

Das Ziel von Scrum ist es, dem Kunden in kurzer Zeit komplexe Produkte zu liefern, welche genau auf dessen Wünsche und Anforderungen abgestimmt sind. Weiterhin ist der Prozess von Scrum so ausgerichtet, dass bei Bedarf flexibel auf Veränderungen und Bedürfnisse des Kunden reagiert werden kann. Zum Beispiel hat die niederländische Bank *ING* eine agile Arbeitsweise wie Scrum eingeführt, um schneller auf Kundenbedürfnisse reagieren zu können. Das Unternehmen hat seine komplette Organisationsstruktur angepasst und arbeitet nun in multidisziplinären Teams, die eigenverantwortlich agieren können und dabei eine kundenzentrierte Produktentwicklung fördern. Weiterhin fördert die stärkere Übertragung von Verantwortlichkeit in die Teams die schnelle Entscheidungsfindung innerhalb der Organisation. Ein bedeutender Vorteil für das Unternehmen,

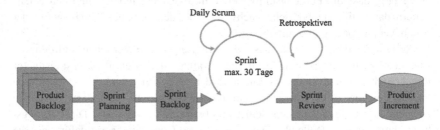

Abb. 3.2   Der Scrum-Prozess. (In Anlehnung an Pichler 2013, S. 7)

um in der VUCA-Welt erfolgreich zu navigieren und Wettbewerbsvorteile zu erzielen.

Wie in Abb. 3.2 zu sehen ist, besteht der Prozess aus einer iterativen und inkrementellen Vorgehensweise, die es dem Anwender ermöglicht, kundenzentrierte Produkte zu entwickeln. Der sogenannte Scrum Guide bietet den Anwendern hierbei einen Leitfaden zur erfolgreichen Umsetzung von Scrum. Des Weiteren definiert der Scrum Guide fünf Werte, welche bei der Durchführung von Scrum verinnerlicht werden sollten. Diese fünf Werte sind Selbstverpflichtung, Mut, Fokus, Offenheit und Respekt. Darüber hinaus können Scrum-Teams weitere Werte für sich definieren, die zum Beispiel im Einklang mit den Werten des Unternehmens stehen. Das Scrum-Team besteht aus den Rollen des Product Owners, Scrum Masters und der des Entwicklerteams. Der Product Owner übernimmt die Verantwortung und Leitung der Produktvision und steht in einem engen Austausch mit den relevanten Stakeholdern. Die Rolle ist für die Pflege und Priorisierung des Product Backlogs verantwortlich und sorgt dafür, dass die Kundenanforderungen bei der Produktentwicklung berücksichtigt werden. Der Scrum Master übernimmt die methodische Verantwortung und achtet auf die richtige Einhaltung der Scrum-Events und Artefakte. Darüber hinaus führt ein Scrum Master das Team zu mehr Selbststeuerung und Selbständigkeit und lebt ein agiles Mindset vor. Oftmals wird der Scrum Master als Servant Leader umschrieben, da er gegenüber dem Team eine dienende Rolle einnimmt, um maximale Effizienz zu erreichen. Die dritte Rolle ist die des Entwicklerteams. Dieses Team besteht aus den Mitarbeitern, die an der eigentlichen Produktentwicklung operativ beteiligt sind. Sie entscheiden zusammen über den Inhalt des Sprint Backlogs und sind gemeinschaftlich für den Erfolg des Sprints verantwortlich. Alle drei Rollen übernehmen für ihre Bereiche Führungsverantwortung, weshalb man bei der Umsetzung von Scrum auch von einem Shared-Leadership-Ansatz spricht. Zudem verbindet diese drei Rollen eine enge Zusammenarbeit und sie stehen in einem kontinuierlichen Austausch miteinander.

3.3.2 Kanban

Der Begriff *Kanban* kommt ursprünglich aus dem Japanischen und bedeutet übersetzt „Signalkarte". Die Methode Kanban wurde Mitte des 20. Jahrhunderts von dem Automobilhersteller *Toyota* entwickelt, um eine Steigerung von Effizienz und Effektivität bei der Produktentwicklung zu erreichen. Das übergeordnete Ziel von Kanban ist die Visualisierung und Transparenz von Arbeitsabläufen.

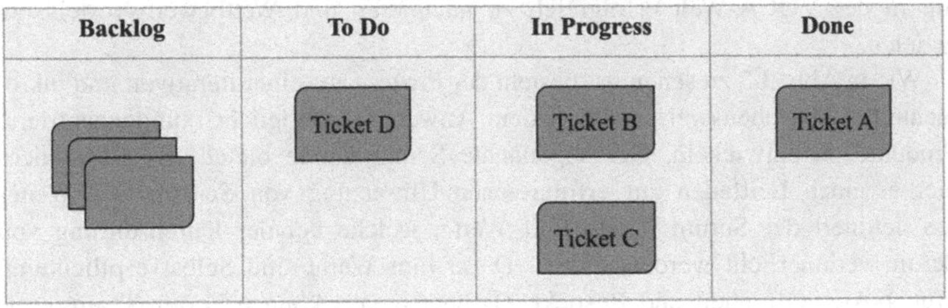

Backlog	To Do	In Progress	Done
	Ticket D	Ticket B	Ticket A
		Ticket C	

Abb. 3.3 Das agile Kanban-Board. (In Anlehnung an Bjorkholm und Bjorkholm 2015, S. 9)

Aufeinander aufbauende Arbeitsabläufe innerhalb der Produktentwicklung werden sichtbar und können bei Bedarf angepasst werden, um einen reibungslosen Durchlauf von Aufgaben (Signalkarten) zu ermöglichen. Als methodische Hilfestellung für die Organisation der Aufgaben wird ein sogenanntes Kanban-Board mit verschiedenen Spalten aufgesetzt, welche den Arbeitsablauf der Produktentwicklung abbilden. In Abb. 3.3 ist ein vereinfachtes Kanban-Board dargestellt, das je nach Bedarf des Anwenders um weitere Spalten ergänzt werden kann.

Das Kanban-Board dient als Kommunikationstool und bietet allen Mitarbeitern innerhalb einer Organisation einen aktuellen Statusbericht der Produktentwicklung. Neben der Transparenz über die aktuell laufende Arbeit ist es Ziel der Kanban-Methode, einen flüssigen Arbeitsprozess (Kanban-Flow) zu gewährleisten. Anders als bei Scrum, wo durch die Sprints eine Begrenzung des Zeitraums zur Bearbeitung von Aufgaben stattfindet, wird bei Kanban die Anzahl parallel laufender Arbeitsaktivitäten durch die Work-in-Progress-Limits begrenzt. Dieses Limit beschränkte die Anzahl an Tickets, welche gleichzeitig in Bearbeitung sein dürfen, um so den optionalen Fluss (Kanban-Flow) an Tickets aufrechtzuerhalten.

3.3.3 Design-Thinking-Prozess

Die Methode Design Thinking dient der Förderung und Entstehung von Innovationen in Unternehmen und wurde zwischen den 1970er- und 1980er-Jahren an der Universität Stanford entwickelt. Unternehmen können durch die Anwendung dieser Methode die Probleme ihrer Kunden besser verstehen und Lösungen in Form von Produkten entwickeln, die maximal auf die Bedürfnisse des Kunden

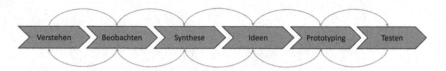

Abb. 3.4 Der Design-Thinking-Prozess. (In Anlehnung an Grots und Pratschke 2009, S. 19)

abgestimmt sind. Ein großer Vorteil des Design-Thinking-Prozesses ist das iterative Vorgehen. Wie in der Abb. 3.4 verdeutlicht, gehören zu dem klassischen Design-Thinking-Prozess sechs aufeinanderfolgende Arbeitsschritte.

Die Besonderheit bei diesem Vorgehen ist, dass der Anwender im Prozess auch rückwärtsgehen und in einem iterativen Vorgehen Arbeitsschritte wiederholen kann. Solch ein Vorgehen wird dann angewendet, wenn sich zum Beispiel im beobachteten Umfeld etwas geändert hat oder der Prototyp nicht mehr den gewünschten Anforderungen entspricht. Der Automobilhersteller *BMW* nutzt diese Vorteile von Design Thinking bereits erfolgreich in der Praxis. Das Unternehmen hat Design Thinking in seine Innovationsprozesse integriert, um dadurch bestehende Produkte zu optimieren und zeitgleich Raum für neue Innovationen zu ermöglichen. Dabei geht das Unternehmen so weit, dass es eine interne UX Agentur mit einem Design Thinking Space gegründet hat, der die optimalen Voraussetzungen für einen kreativen Ideenfindungsprozess liefert.

Anders als bei Scrum und Kanban steht bei Design Thinking der kreative Ideenfindungsprozess für das Lösen von Problemen im Vordergrund. Dennoch lassen sich Gemeinsamkeiten zwischen den drei agilen Arbeitsmethoden erkennen. Zum einen setzen alle drei Methoden auf einen hohen Grad an Autonomie der Teams und auf ein eigenverantwortliches und selbstorganisiertes Arbeiten. Die Methoden geben dabei einen klaren und strukturierten Rahmen vor, in dem sich die Teams bewegen können. Des Weiteren verbindet diese drei Methoden eine gleiche Haltung und Einstellung, und einmal mehr wird deutlich, wie wichtig die Adaption eines agilen Mindsets ist. Es bildet das Fundament für alle weiteren Aktivitäten und ist ausschlaggebend für den Erfolg von agilen Praktiken.

Eine Befragung von Mitarbeitern: Generationsübergreifende Führung in Unternehmen

4

4.1 Methodik der Untersuchung

Die Befragung von Mitarbeitern verschiedenster Generationen wurde anhand eines Online-Fragebogens durchgeführt, der zwischen März und April 2022 online verfügbar war. Die Zielgruppe der Untersuchung bestand aus Mitarbeitern und Führungskräften unterschiedlichster Generationen, die aktuell erwerbstätig sind. Um eine möglichst heterogene Stichprobe zu erhalten, wurden keine weiteren Eingrenzungen innerhalb der Befragung vorgenommen.

Im Rahmen der Untersuchung wurden Teilnehmer mit und ohne Führungsfunktion unterschiedlich befragt, basierend auf ihrer Antwort auf die Frage, ob sie eine Führungsposition in ihrem Unternehmen innehaben. Führungskräfte wurden zu ihrer Rolle, ihrem Führungsstil und den relevanten Eigenschaften in der Zusammenarbeit mit Mitarbeitern befragt sowie zu den Herausforderungen der generationsübergreifenden Führung. Teilnehmer ohne Führungsfunktion wurden hingegen zu ihrem Verständnis einer guten Führungskraft und den wichtigen Eigenschaften in der Zusammenarbeit mit Vorgesetzten befragt sowie zu den größten Herausforderungen bei generationsübergreifender Zusammenarbeit. Alle Teilnehmer wurden zudem zu Agilität im unternehmerischen Umfeld befragt, darunter die Arbeit in agilen Teams, die Verwendung agiler Arbeitsmethoden, die Einordnung agiler Werte und wie weit ein agiles Mindset im Unternehmen gelebt wird. Ziel war es – neben der Untersuchung von generationsübergreifender Führung und Zusammenarbeit – ein umfassendes Bild der Teilnehmer zu den verschiedenen Facetten von Agilität zu erhalten.

M. H. Dahm and L. Esters, *Generational Leadership*, essentials, https://doi.org/10.1007/978-3-658-42468-8_4

4.2   Ergebnisse der Datenauswertung

In den erhobenen Daten wurde ein Zusammenhang festgestellt: Wenn Führungskräfte ihre Mitarbeiter durch eine gemeinsame Vision und Ziele verbinden, gibt
es weniger Konflikte in der generationsübergreifenden Führung. Die Fähigkeit
einer Führungskraft, eine Vision und Ziele vorzuleben und an die Mitarbeiter
weiterzutragen ist ein wichtiger Bestandteil von agiler Führung. Die Auswertung
der Daten ergab außerdem, dass weniger generationsübergreifende Konflikte aufgrund unterschiedlicher Auffassungen über die Zusammenarbeit entstehen, wenn
Führungskräfte ihre Mitarbeiter bei der Selbstorganisation unterstützen. Die Mitarbeiter dahingehend zu fördern, in ihrem Arbeitsalltag mehr Selbstorganisation
zu leben, gilt als eine wichtige Fähigkeit von Agile Leadership. Die Ergebnisse
zeigen, dass durch die Selbstorganisation innerhalb agiler Praktiken Mitarbeiter über ein einheitliches Zusammenarbeitsmodell zusammengebracht und somit
mögliche Missverständnisse zwischen den Generationen vermieden werden können. Somit konnten erste Aussagen darüber getroffen werden, dass agile Führung
in der unternehmerischen Praxis dazu beitragen kann, Führungskräfte bei ihrer
generationsübergreifenden Führung zu unterstützen und somit mögliche Konflikte
im Team zu vermeiden.

Zudem wollten wir herausfinden, ob Führungskräfte, die agile Arbeitsmethoden verwenden, weniger Konflikte in der generationsübergreifenden Führung
haben als solche, die das nicht tun. Ein Vergleich der beiden Gruppen zeigte,
dass Führungskräfte durch den Einsatz agiler Arbeitsmethoden weniger generationsübergreifende Konflikte aufgrund der unterschiedlichen Denkweisen der
Mitarbeiter haben. Das bedeutet, dass agile Arbeitsmethoden helfen können, ein
gemeinsames Mindset für verschiedene Generationen zu schaffen. Des Weiteren
konnte festgestellt werden, dass Führungskräfte, die agile Arbeitsmethoden einsetzen, weniger Konflikte aufgrund einer unterschiedlichen Auffassung der Mitarbeiter von Zusammenarbeit haben. Folglich unterstützen agile Arbeitsmethoden
Führungskräfte dabei, ihren Mitarbeitern ein einheitliches methodisches Rahmenwerk zur Verfügung zu stellen. Innerhalb der agilen Rahmenwerke werden die
unterschiedlichen Ansichten der verschiedenen Generationen zusammengebracht.

Außerdem haben wir uns auch die Mitarbeiter ohne Führungsfunktion genauer
angesehen, um zu prüfen, wie agile Arbeitsmethoden bei der generationsübergreifenden Zusammenarbeit unterstützen können. Ähnlich wie bei den Führungskräften wurde festgestellt, dass durch den Einsatz agiler Arbeitsmethoden weniger
Konflikte aufgrund von unterschiedlichen Auffassungen der Generationen von
Zusammenarbeit entstehen. Ein weiterer Vergleich von agil arbeitenden und nicht
agil arbeitenden Mitarbeitern konnte aufzeigen, dass Mitarbeiter, die mit agilen

Arbeitsmethoden arbeiten, weniger generationsübergreifende Konflikte aufgrund von unterschiedlichen Arbeitsweisen und Prinzipien haben. Die Mitarbeiter werden anhand agiler Methoden dabei unterstützt, sich in einem abgestimmten Prozess zu bewegen und nach einheitlichen Prinzipien zu handeln. Dabei werden die unterschiedlichen Ansichten und Erfahrungen der verschiedenen Generationen in Bezug auf die Zusammenarbeit berücksichtigt und die Generationen werden zu einem funktionierenden Team geformt.

Nachdem die Stichprobe der Studie auf (agile) Führungskräfte und (agile) Mitarbeiter näher untersucht wurde, wurde die einzelnen Generationen näher betrachtet. Dabei sollte insbesondere aufgezeigt werden, welche der vier Generationen (Generation Baby Boomer/X/Y/Z) einem agilen Mindset grundsätzlich positiv gegenübersteht. Dabei wurden die vier agilen Grundwerte berücksichtigt sowie einzelne Aspekte einer agilen Denkweise. Bei der Generation Baby Boomer konnte eine positive Einstellung gegenüber dem agilen Wert, dass der Kunde immer im Vordergrund steht, festgestellt werden. Des Weiteren konnte aufgezeigt werden, dass die Generation Baby Boomer dem agilen Wert: „Individuen und Interaktion haben Vorrang vor Prozessen und Werkzeugen" eine hohe Bedeutung zuschreibt. Folglich kann in der Praxis davon ausgegangen werden, dass die Generation Baby Boomer Teilen der agilen Werte und einem agilen Mindset positiv gegenüberstehen. Bei der Generation X konnte kein direkter Zusammenhang dahingehend festgestellt werden, dass diese Generation einem agilen Mindset offen gegenübersteht. In Bezug auf die Generation Y war es möglich, anhand der Studie zu beweisen, dass diese Generation das Reagieren auf Veränderung für wichtiger hält als das Einhalten einer strikten Projektplanung. Dass die Generation Y einem agilen Mindset mit all seinen Facetten positiv gegenübersteht, konnte jedoch nicht belegt werden. Bei der Betrachtung der Generation Z konnte aufgezeigt werden, dass sie den agilen Wert: „Individuen und Interaktionen haben Vorrang vor Prozesse und Werkzeugen" für wichtig erachtet. Weitere Erkenntnisse dahingehend, dass die Generation Z ein agiles Mindset vertritt, konnten nicht gewonnen werden. Zusammenfassend war es demnach möglich, anhand der Studie aufzuzeigen, dass die Generation Baby Boomer ein umfassenderes agiles Mindset in der Praxis vertritt und nach agilen Prinzipien arbeitet. Bei den anderen Generationen konnten nur vereinzelt Aspekte eines agilen Mindsets gefunden werden, was aber nicht die Schlussfolgerung zulässt, dass sie einem agilen Mindset grundsätzlich positiv gegenüberstehen.

In der unternehmerischen Praxis werden oftmals agile Arbeitsmethoden eingesetzt, ohne das agile Mindset bei den Mitarbeitern zu fördern. Dies führt in vielen Fällen zu einem Scheitern agiler Praktiken, da das richtige Mindset ausschlaggebend für dessen Erfolg ist. Um diesen Fall aus der Praxis näher zu beleuchten, wurde die Stichprobe der Studie dahingehend untersucht, ob Mitarbeiter, die agil arbeiten und Teil eines agilen Teams sind, auch tatsächlich ein agiles Mindset vertreten. Anhand der Auswertung war es möglich aufzuzeigen, dass Mitarbeiter, die Teil eines agilen Teams sind, auch agile Werte im Unternehmen adaptieren. Des Weiteren konnte hierbei festgestellt werden, dass agil arbeitende Mitarbeiter den agilen Wert, dass der Kunde Vorrang vor Vertragsverhandlungen hat, eher vertreten als Mitarbeiter ohne agile Arbeitsweise. Somit lässt sich bei diesen Teilnehmern ein stärkerer Kundenfokus beobachten. Zum anderen war es möglich zu beweisen, dass die agil arbeitende Stichprobe eine eher offenere Fehlerkultur im Team lebt. Demnach sind Mitarbeiter, die Teil eines agilen Teams sind, eher dazu bereit, Fehler einzugestehen und anschließend aus ihnen zu lernen.

Nachdem wir uns mit der Frage beschäftigt haben, wie agile Arbeitsmethoden Führungskräfte bei der generationsübergreifenden Führung unterstützen können, konnten wir erste positive Erkenntnisse gewinnen. Es zeigte sich, dass Aspekte der agilen Arbeitsmethoden und des agilen Führungsstils dazu beitragen können, Konflikte in der generationsübergreifenden Führung zu reduzieren. Allerdings stellten wir auch fest, dass nicht alle Generationen automatisch die passenden Eigenschaften mitbringen, um agile Arbeitsmethoden erfolgreich in der Praxis zu implementieren. Daher ist es wichtig, dass Führungskräfte bei der Einführung agiler Arbeitsmethoden die unterschiedlichen Bedürfnisse der verschiedenen Generationen berücksichtigen und sich dessen bewusst sind, welche Eigenschaften diese Generationen mitbringen.

4.3   Interpretation der Erkenntnisse

Die Generation Baby Boomer: Der Kunde steht im Vordergrund

Es konnte aufgezeigt werden, dass die Generation Baby Boomer die Bedürfnisse des Kunden in den Vordergrund stellt. Es umschreibt einen bedeutenden Aspekt des agilen Mindsets, dass die Anforderungen, welche der Kunde an das Produkt stellt, priorisiert behandelt werden sollten. Die Generation Baby Boomer sieht hier die Wichtigkeit der Interaktion mit dem Kunden für eine erfolgreiche und auf gegenseitigem Vertrauen basierte Zusammenarbeit. Zum einen lässt sich dies durch das loyale Verhalten dieser Generation erklären. Auch wenn die Loyalität oftmals dem Arbeitgeber selbst gilt, wirkt sich diese langfristig auf den Umgang und die Beziehung mit den Kunden aus. Die Beständigkeit, welche diese Generation mit sich bringt, hilft Unternehmen dabei, langfristige Kundenbeziehungen aufzubauen und diese auch zu pflegen. Die dadurch frühe und enge Einbindung der Kunden in den Entwicklungsprozess von Produkten ist fundamental für den Erfolg von agilen Arbeitsmethoden. Hierbei bietet zum Beispiel die Arbeitsmethode Scrum die Möglichkeit, anhand regelmäßiger Sprint Reviews das Feedback der Kunden einzuholen und bei der nächsten Sprint-Planung zu berücksichtigen. Die Generation Baby Boomer kann hier die Schnittstelle zu den Kunden pflegen und zum Beispiel über die Rolle eines Product Owners die kundenzentrierte Produktentwicklung erfolgreich vorantreiben. Des Weiteren wird die Generation Baby Bommer von Williamson et al. (2010) als eine Generation von sozialen Menschen beschrieben, die viel Wert auf ausreichend Interaktion am Arbeitsplatz legen. Diese Beschreibung der Autoren wird durch eine weitere Erkenntnis dieser Untersuchung unterstützt. Es konnte aufgezeigt werden, dass diese Generation dem agilen Wert, dass Individuen und Interaktionen Vorrang vor dem Einhalten von strikten Prozessen haben, positiv gegenübersteht. Auch Oertel (2021) unterstreicht diese Erkenntnis damit, dass das kollektive Handeln dieser Generation im Vordergrund steht. Agile Arbeitsmethoden betonen die Wichtigkeit von Teamarbeit und gemeinsamen Erfolgen. Die vielen Austauschmöglichkeiten, etwa durch das tägliche Daily bei Scrum oder der enge Austausch mit den Kunden bei der Design-Thinking-Methode, bilden den passenden Rahmen für Unternehmen und Führungskräfte, um auf Bedürfnisse und Stärken der Generation Baby Boomer einzugehen. Auch wenn sich auf den ersten Blick viele positive Gemeinsamkeiten zwischen agilen Arbeitsmethoden und der Generation Baby Boomer erkennen lassen, spielen die Führungskräfte weiterhin eine entscheidende Rolle. Es handelt sich hierbei um eine Generation, die nach Sicherheit und Beständigkeit strebt. Radikale Richtungswechsel, zum Beispiel bei der Art und Weise, wie zusammengearbeitet werden soll, werden abgelehnt und stoßen auf Widerstand. Demnach sind Führungskräfte dazu angehalten, bei Transformationsprozessen von klassischen Projektmanagementmethoden hin zu agilen Projektmanagementmethoden dieser Generation besonders viel Aufmerksamkeit zu widmen. Die soeben umschriebenen Vorteile agiler Zusammenarbeit, in Zusammenhang mit den Erkenntnissen dieser Untersuchung, können Führungskräfte dabei unterstützen, die Baby Boomer langsam an die agilen Arbeitsmethoden heranzuführen. Dennoch müssen sich die Führungskräfte ausreichend Zeit nehmen, um durch einen engen und regelmäßigen Austausch die auftretenden Probleme frühzeitig zu erkennen und zu adressieren. Die Scrum Events, wie das Sprint Review und die Retrospektiven, geben den Führungskräften hierfür die passenden Plattformen, um das Stimmungsbild ihrer Mitarbeiter einzufangen. Zusätzlich ermöglicht eine vertrauensvolle Zusammenarbeit mit dem Scrum Master, welcher oftmals auch in einem engen Austausch mit den Teammitgliedern steht, Einblicke in das Wohlbefinden der Generation Baby Boomer.

Die Generation X: Ehrgeizige Individuen mit hoher fachlicher Expertise

Bei der Untersuchung der Generation X konnten keine aussagekräftigen Anzeichen dahingehend gefunden werden, dass sie agile Werte vertritt oder ein agiles Mindset in der unternehmerischen Praxis lebt. Anders als bei der Generation Baby Boomer steht für diese Generation ein ausgeprägter Individualismus im Vordergrund und sie befürwortet das Arbeiten für sich. Da es sich bei einer agilen Zusammenarbeit vor allen Dingen um die Kollaboration in crossfunktionalen Teams handelt, lassen sich nur wenige Parallelen zu den Bedürfnissen der Generation X finden. Für diese bedeutet das Arbeiten im Team auch gleichzeitig, in Konkurrenz zu anderen Kollegen zu stehen, was gegen jegliche Werte und Prinzipien des agilen Arbeitens spricht. Dennoch spielen sie aufgrund ihrer guten Ausbildung und ihres fundierten Fachwissens eine entscheiden Rolle in Unternehmen. Sie gelten in Unternehmen als zuverlässiger Ansprechpartner für andere Mitarbeiter, und wenn es Führungskräften gelingt, die Stärken der Generation X zu fördern und richtig einzusetzen, dann werden sie mit hoch motivierten und leistungsorientierten Arbeitnehmern belohnt. Agile Arbeitsmethoden können Führungskräfte dabei unterstützen, die Stärken und Kompetenzen gezielt zum Einsatz zu bringen. Da es sich bei den agilen Teams oftmals um einen crossfunktionalen Aufbau handelt, können Mitarbeiter der Generation X über ihre fachliche Expertise die gewünschte Aufmerksamkeit sowie den gewünschten Respekt erhalten. In einem agilen Team kann sich diese Generation fachlich entfalten und als Experte auftreten. Für Führungskräfte bilden agile Arbeitsmethoden, wie Scrum oder Kanban, somit ein wertvolles Werkzeug, um ihren Mitarbeitern der Generation X den nötigen Rahmen für ihre Arbeit zu geben. Dennoch werden die Führungskräfte umso mehr dazu aufgefordert sein, den Gedanken der Kooperation und des Zusammenhalts zu stärken. Ohne ein fundiertes Verständnis für Teamerfolge und Teamleistungen entstehen Konfliktpotenziale in der agilen Zusammenarbeit mit anderen Generationen. Ein Weg für agile Führungskräfte ist hier die Führung über Kompetenz und nicht über Autorität. Damit ist eine Führung auf Augenhöhe gemeint, die in erster Linie über den gemeinsamen Austausch und fachliche Diskussionen stattfindet. Die Generation X fühlt sich dann wertgeschätzt, wenn sie als Ratgeber und Unterstützer von ihrer Führungskraft und ihren Kollegen herangezogen wird. Über die entgegengebrachte Wertschätzung wird es Führungskräften möglich sein, das gegenseitige Vertrauen zu stärken. Dadurch eröffnen sich neue Möglichkeiten, um mit der Unterstützung von Scrum Mastern und agilen Experten über Einzelcoaching das Mindset der Generation X hin zu einem agilen Mindset zu stärken.

Die Generation Y: Durch Mitbestimmung und Einbindung zum agilen Arbeiten

In Bezug auf die Generation Y konnten wir im Rahmen der Untersuchung vereinzelte Überschneidungen zwischen ihrer Denk- und Arbeitsweise und den Eigenschaften agiler Arbeitsmethoden herstellen. Zum einen steht die Generation Y dem agilen Wert: „Reagieren auf Veränderung mehr als das Befolgen eines Plans" positiv gegenüber. Folglich fällt es dieser Generation leichter, auf Veränderungen im Umfeld zu reagieren und die nötige Flexibilität, die agile Arbeitsmethoden unter anderem einfordern, im beruflichen Alltag einzusetzen. Ein schnelllebiges Umfeld sind sie durch das Aufwachsen mit der Digitalisierung und den Einsatz von Echtzeitkommunikation aus ihrem privaten Umfeld gewohnt. Des Weiteren fordert die Generation Y Autonomie und Selbstverantwortung am Arbeitsplatz. Beide Aspekte können durch den Einsatz agiler Arbeitsmethoden erfüllt werden, wenn das nötige Vertrauen zwischen der Führungskraft und dem Mitarbeiter besteht. Eine agile Zusammenarbeit unterstützt das selbstorganisierte Arbeiten von Teams und Mitarbeitern. Agile Teams werden dazu aufgefordert, eigenständig ihre Aufgaben zu planen und letztendlich auch umzusetzen. Die Führungskraft sollte dieser Generation dennoch weiterhin als Austauschpartner und Dienstleister zur Seite stehen. Eine weitere Eigenschaft der Generation Y ist der Wunsch nach Mitbestimmung. Sie wollen frühzeitig in relevante Entscheidungsprozesse von ihrer Führungskraft eingebunden werden. Eine Option für Führungskräfte, diesem Wunsch nachzugehen, bieten die unterschiedlichen fachlichen Rollen in einem agilen Team. Die Rolle des Product Owners würde es dieser Generation ermöglichen, in einem engen Austausch mit den relevanten Stakeholdern zu stehen und wichtige Informationen frühzeitig abzufangen. Des Weiteren könnten sie gemeinsame Entscheidungen in der Produktentwicklung und der Projektplanung in Abstimmung mit dem Team treffen und wären somit vollumfänglich in wegweisende Entscheidungen eingebunden. Die Rolle des Scrum Masters würde die Generation Y dahingehend unterstützen, Phasen der Selbstreflexion einzubauen und regelmäßiges Feedback einzufordern. Über die Rolle eines Scrum Masters kann sich die Generation Y weiterentwickeln und die erlernten Kompetenzen für die eigene Selbstreflexion und das Durchführen von Feedbackgesprächen mit Mitarbeitern und Führungskräften einsetzen. Dennoch sollte eine agile Führungskraft in sehr regelmäßigen Abständen aktiv auf die Generation Y zugehen, um den Prozess der Selbstreflexion und Selbstfindung aktiv zu begleiten.

Die Generation Z: Durch agiles Arbeiten Austausch und Interaktion fördern
Bei der Generation Z konnten unsere Erkenntnisse aufzeigen, dass für die jüngste Generation die Zusammenarbeit im Team weiterhin eindeutig im Vordergrund steht.

Wie schon bei der Generation Baby Boomer setzt auch die Generation Z die Wichtigkeit von Interaktion zwischen Individuen über die Anwendung von Prozessen und Werkzeugen. Dies ist ein bedeutendes Merkmal des agilen Mindsets, welches sich positiv auf die Zusammenarbeit auswirkt. Eine erste Erklärung hierfür ist das Selbstverständnis des digitalen Werkzeuges für diese Generation. Die digitalen Hilfsmittel werden als passendes Instrument zur Interaktion mit Kollegen am Arbeitsplatz selbstverständlich eingesetzt. Des Weiteren ist Spaß an der Arbeit ein bedeutender Faktor für die Generation Z, weswegen auch das Arbeiten im Team und der regelmäßige Austausch mit den Kollegen im Vordergrund ihrer Tätigkeit stehen sollten. Hieraus lässt sich ableiten, dass Unternehmen und insbesondere Führungskräfte darauf achten müssen, Mitarbeiter der Generation Z nicht durch unnötige Prozesse in ihrer Arbeit zu hindern und auszubremsen. Vielmehr benötigen sie ausreichend Freiraum in der Ausgestaltung ihres Arbeitsalltages. Hierbei können agile Arbeitsmethoden den passenden Rahmen liefern. Da hier der Fokus auf dem selbstorganisierten Arbeiten liegt und in einem vertrauensvollen Umfeld den Mitarbeitern die Planung und Ausführung der Tätigkeit frei überlassen wird, kann dem Wunsch nach Entfaltung und Selbstbestimmung dieser Generation entgegengekommen werden. So kann zum Beispiel durch den Prozess von Design Thinking die freie Entfaltung von Kreativität gefördert werden und bei der Anwendung von Scrum, durch die eigenverantwortliche Planung und Bearbeitung eines Sprint Backlogs, die Selbstbestimmung über das Arbeiten. Auch wenn Führungskräfte dazu angehalten werden, der Generation Z ihren Freiraum zu lassen, sollten sie dennoch dieser Generation gegenüber eine dienende Führungsrolle einnehmen. Ein hohes Maß an Selbstorganisation könnte sonst zu Orientierungslosigkeit im Arbeitsumfeld führen. Da es sich bei dieser Generation um eine Generation handelt, die vermehrt Orientierung im Leben sucht, müssen Führungskräfte ihre Mitarbeiter dabei unterstützen, den richtigen Fokus in ihrer Tätigkeit zu finden. Darüber hinaus fällt es dieser Generation schwer, Entscheidungen zu treffen. Hierbei kann die enge Zusammenarbeit in den agilen Teams unterstützen. Entscheidungen werden auf einer Teamebene gemeinsam getroffen und die dadurch entstehenden Verantwortungen werden auf die Mitglieder im Team verteilt. Folglich müssen Führungskräfte die Generation Z darin bestärken, Entscheidungen zu treffen, und ihnen die Angst vor falschen Entscheidungen nehmen. Ein weiterer Vorteil von agilen Arbeitsmethoden ist der stetige Austausch im Team durch Events wie zum Beispiel das Daily Scrum. Dies ist ein wichtiger Aspekt für die Generation Z, die das Arbeiten im Team und den engen Austausch mit Kollegen für wichtig erachtet (Brademann und Piorr 2019, S. 347). Zusammenfassend werden durch den Einsatz agiler Arbeitsmethoden diverse Vorteile ersichtlich, welche auf die Bedürfnisse und Anforderungen der Generation Z in Bezug auf die Zusammenarbeit in Unternehmen eingehen. Dennoch spielt die Führungskraft eine entscheidende Rolle, die Generation dabei zu unterstützen, die Freiheiten und Verantwortungen innerhalb agiler Arbeitsweisen erfolgreich zu nutzen.

Die Betrachtung des agilen Mindsets der verschiedenen Generationen lässt erneut die umfangreiche Aufgabe von Führungskräften erkennen, auf die verschiedenen Eigenschaften und Bedürfnisse der Generationen einzugehen. Folglich lassen sich zum einen diverse unterstützende Eigenschaften agiler Arbeitsmethoden, wie zum Beispiel die Events und Rollen, erkennen. Auf der anderen Seite spielt die Komplexität des agilen Mindsets eine entscheidende Rolle für Führungskräfte und das intensive Auseinandersetzen mit den Bedürfnissen der jeweiligen Generation.

Agile Leadership unterstützt die generationsübergreifende Führung
Wir konnten also den Zusammenhang feststellen, dass bei Führungskräften, die einen agilen Führungsstil leben und dabei eine Vision und einheitliche Ziele vorgeben, weniger Konflikte in der generationsübergreifenden Führung entstehen. Eine agile Führungskraft ist dazu angehalten, agile Teams mit crossfunktionalen Fähigkeiten aufzubauen und zu entwickeln. Folglich treffen Mitarbeiter aus verschiedenen Generationen mit unterschiedlichen Bedürfnissen aufeinander, die selbstorganisiert arbeiten müssen. Eine gemeinsame Vision im Team, welche durch die Führungskraft vorgegeben und vom Team akzeptiert wird, spielt dabei eine fundamentale Rolle. Eine agile Führungskraft erkennt die verschiedenen Persönlichkeiten und weiß um die verschiedenen gelebten Werte der unterschiedlichen Generationen. Auf Basis dessen entwickelt eine agile Führungskraft eine Vision, die sowohl auf der Produktebene als auch auf der übergeordneten Daseinsberechtigung des Teams Orientierung für alle Generationen liefert. Insbesondere bei erhöhter Selbstorganisation bildet die Vision einen Orientierungsanker, an dem sich das Team festhalten kann. Darüber hinaus ist eine agile Führungskraft dazu angehalten, auf die einzelnen Bedürfnisse der Generationen einzugehen, insbesondere bei der Förderung von Selbstorganisation. Der jüngeren Generation Z müssen ausreichend Freiraum und Vertrauen für die volle Entfaltung ihrer Kompetenzen gegeben werden. Insbesondere im digitalen Kompetenzbereich muss der Wissensvorsprung, den diese Generation mitbringt, genutzt und gefördert werden. Der Generation Baby Boomer muss das selbstorganisierte Arbeiten durch eine anfangs klare Zuweisung von Aufgaben und Verantwortung nähergebracht werden. Yu und Miller (2005) unterstreichen diese Aussage und sprechen von einem aufgabenbasierten Führungsstil, der sich bei dieser Generation bewährt hat. Diese Generation muss demnach von der Führungskraft langsam durch Coachings an Selbstorganisation herangeführt werden. Nur so lassen sich ein agiles Mindset und ein erfolgreiches agiles Arbeiten umsetzen. Bei der Generation X steht das schnelle Übertragen von Verantwortung im Vordergrund.

Dabei kann ein selbstorganisiertes Arbeiten innerhalb agiler Arbeitsmethoden von Vorteil sein, sowohl für die Führungskraft als auch für den Mitarbeiter. Der prozessuale Rahmen, welcher durch agile Arbeitsmethoden gesetzt wird, ermöglicht es der Führungskraft, der Generation X den gewünschten Freiraum bei ihrer Tätigkeit zu geben. Der Mitarbeiter kann dabei selbst entscheiden, in welchem Umfang die Aufgaben bearbeitet werden. Agile Events, wie zum Beispiel das Sprint Planning in Scrum, geben der Generation X die Möglichkeit, in Abstimmung mit dem Team eigenständig und verantwortungsvoll die nächsten Tätigkeiten zu planen. Die Verantwortungsübernahme, auch über den eigenen Aufgabenbereich hinaus, steht für die Generation X an oberster Stelle. Agile Rollen, wie die des Product Owners, können Führungskräfte dabei unterstützen, diesem Bedürfnis gerecht zu werden. Um dennoch Konflikte in der generationsübergreifenden Führung zu vermeiden, muss der Generation X die Wichtigkeit von Teamzusammenhalt und Teamerfolg im agilen Arbeitskontext nähergebracht werden. Denn auch wenn dieser Generation ausreichend Freiraum und Verantwortung übertragen werden können, muss eine agile Führungskraft immer noch die Bedürfnisse des gesamten Teams im Blick haben. Das Arbeiten im Team spielt auch bei der Generation Y eine entscheidende Rolle und sollte in der Führung dieser Generation stets berücksichtigt werden. Anders als bei der Generation X verlangt diese Generation selbstorganisiertes und eigenverantwortliches Arbeiten, will aber gleichzeitig eine enge Zusammenarbeit im Team. Auch die Erfolge sollten im Team geteilt werden. Eine erfolgreiche Führung bedeutet demnach, eine hohe Identifikation mit dem Team zu schaffen. Die hohe Bedeutung einer einheitlichen Vision und gemeinsamer Ziele für das Team spielen bei der Führung der Generation Y eine entscheidende Rolle. Bei der Betrachtung aller vier Generationen, mit Blick auf eine generationsübergreifende Führung, lassen sich Gemeinsamkeiten sowie Unterschiede in der Zusammenarbeit erkennen. Unsere Erkenntnis, dass durch eine Vision im Team weniger Konflikte in der generationsübergreifenden Führung entstehen, lassen sich durch einen Vergleich mit der Fachliteratur bestätigen. Demnach profitiert jede Generation von einem agilen Führungsstil, der das Team zusammenhält und eine gemeinsame Richtung vorgibt. Die eigentliche Herausforderung besteht darin, jede Generation in den eben beschriebenen Eigenschaften und Bedürfnissen individuell zu unterstützen. Dass agile Arbeitsmethoden hierbei ein hilfreiches Rahmenwerk liefern, von dem Mitarbeiter und Führungskraft beiderseits profitieren, wurde bereits erwähnt und soll im weiteren Verlauf dieser Diskussion weiter ausgeführt werden.

Agile Arbeitsweisen fördern die generationsübergreifende Zusammenarbeit
Generationsübergreifende Konflikte entstehen durch die unterschiedlichen Bedürfnisse, Erfahrungen und Erwartungen der verschiedenen Generationen an die Zusammenarbeit. Anhand der empirischen Untersuchung konnte aufgezeigt werden, dass
Führungskräfte, die agile Arbeitsmethoden anwenden, weniger generationsübergreifende Konflikte aufgrund einer unterschiedlichen Denkweise der Mitarbeiter
haben. Zusätzlich wurde nachgewiesen, dass in altersgemischten Teams, die mit
agilen Arbeitsmethoden arbeiten, weniger Konflikte aufgrund unterschiedlicher
Arbeitsweisen und Prinzipien entstehen. Demnach bilden agile Arbeitsmethoden
ein passendes Rahmenwerk, das die verschiedenen Generationen in ihren Erwartungen an die Zusammenarbeit vereint. Folglich sind die agilen Arbeitsmethoden
ein ergänzendes methodisches Instrument für die Führungskräfte und der Führung ihrer Mitarbeiter. Dabei muss kritisch hinterfragt werden, ob die einheitliche
Denkweise, welche durch den Einsatz agiler Arbeitsmethoden entsteht, mit einem
gereiften agilen Mindset gleichzusetzen ist. Vielmehr entsteht durch den Einsatz
agiler Arbeitsmethoden eine Vereinheitlichung in der Zusammenarbeit und die iterativen Prozesse schaffen Sicherheit und Beständigkeit. Ein durch agile Methoden
gestütztes Arbeiten ermöglicht es altersgemischten Team, ganzheitlich zu wach-
sen. Die Freiräume für Selbstreflexion anhand von Retrospektiven schaffen eine
kontinuierliche Weiterentwicklung der Teams. Dies ist eine wichtige Eigenschaft,
die Führungskräfte dahingehend entlastet, intensiven Zeitaufwand in die Entwicklung ihrer Teams stecken zu müssen. Des Weiteren schafft eine einheitliche und
abgestimmte Art und Weise der Zusammenarbeit eine gemeinsame Identität auf der
Teamebene. Eine gemeinsame Identität unterstützt die Zusammenarbeit in altersgemischten Teams und bildet Vertrauen. Dadurch entsteht ein respektvoller Umgang
miteinander, welcher ausschlaggebend für den Erfolg generationsübergreifender
Zusammenarbeit ist. Für die Führungskräfte agiler und altersgemischter Teams lassen sich dennoch diverse Konfliktpotenziale identifizieren, die proaktiv für jede
Generation angegangen werden sollten. Mit Blick auf die Generation Baby Boomer
ist es die angesprochene Angst vor Veränderung. Eine schnelle Veränderung in der
Art und Weise der Zusammenarbeit kann etwa zu einer innerlichen Ablehnung und
Demotivation dieser Generation führen. Eine enge Zusammenarbeit der Führungskraft mit der Rolle des Scrum Masters kann dem entgegenwirken. Der Scrum Master
steht dem Team und seinen Mitgliedern als Coach und Mentor zu Verfügung und
hat, anders als die Führungskraft, keine disziplinarische Verpflichtung gegenüber
den Mitarbeitern. Dadurch kann ein vertrauensvoller Austausch entstehen, welcher
insbesondere in Phasen der Transformation der Generation Baby Boomer die nötige
Unterstützung liefert. Bei der Generation X können die intensive Zusammenarbeit
im Team und der gemeinschaftliche Erfolg auf Widerstand stoßen. Auch wenn

die Selbstorganisation und Autonomie der Teams für die Generation X von Vorteil sind, muss die Führungskraft darauf achten, dass die geschaffene Teamidentität auch von dieser Generation akzeptiert wird. Dem kann entweder durch das Zuweisen spezifischer Rollen wie die des Product Owners oder durch das Übertragen von umfassender fachlicher Verantwortung entgegengewirkt werden. Ansonsten kann es zu Konflikten und Unstimmigkeiten innerhalb des Teams kommen, die eine erfolgreiche Umsetzung agiler Arbeitsmethoden verhindern. Des Weiteren ist es wichtig, über den Einsatz agiler Methoden hinaus neue Impulse und Reize in das Team zu geben, um auch den Erwartungen der Generation Y und Z gerecht zu werden. Sie erwarten von ihrer Arbeit eine Aufgabenvielfalt mit stetig neuen Herausforderungen (vgl. Grabbe et al. 2021).

Auf die Frage, inwieweit durch die Einführung agiler Arbeitsmethoden Führungskräfte dabei unterstützt werden, erfolgreich generationsübergreifend zu führen, konnten wir durch die Erkenntnisse dieser Untersuchung erste Antworten liefern. Auch wenn agile Arbeitsmethoden dabei unterstützen, die verschiedenen Generationen in der Art und Weise der Zusammenarbeit zu verbinden, müssen Führungskräfte eine aktive Rolle bei der Vermittlung eines einheitlichen Verständnisses von agilem Arbeiten übernehmen. Dazu gehört es, die eigentliche Motivation für die Einführung agiler Arbeitsmethoden transparent zu machen sowie ein klares und gemeinschaftliches Verständnis von Rollen und Verantwortlichkeiten zu vermitteln. Die agilen Arbeitsmethoden bilden somit ein hilfreiches Rahmenwerk für Führungskräfte altersgemischter Teams.

Handlungsempfehlungen

- Handlungsempfehlungen für die Geschäftsführung

1. Ermutigen Sie Ihre Führungskräfte, agiles Arbeiten zu erlernen und anzuwenden. Agiles Arbeiten bedeutet, in kleinen Teams zu arbeiten, schnell auf Änderungen zu reagieren und schnelle Ergebnisse zu erzielen. Diese Arbeitsmethoden sind ein gutes Mittel, um Ergebnisse in kürzerer Zeit zu erzielen, Probleme schneller zu lösen und neue Ideen zu entwickeln.

2. Führen Sie regelmäßige Schulungen für Führungskräfte durch, um ihnen beizubringen, wie sie agiles Arbeiten effizienter machen können. Machen Sie sie mit den neuesten Technologien und Tools vertraut, die ihnen beim agilen Arbeiten helfen können.
3. Ermutigen Sie Führungskräfte, aktiv an agilen Konferenzen, Meetings und anderen Events teilzunehmen, um zu erfahren, wie andere Unternehmen agiles Arbeiten effizienter einsetzen.
4. Analysieren Sie regelmäßig, wie agiles Arbeiten die Leistung Ihrer Teams in Ihrem Unternehmen verbessert. Dies hilft Ihnen dabei, die richtigen Entscheidungen zu treffen und herauszufinden, wo Änderungen nötig sind.
5. Ermutigen Sie Führungskräfte, nach Lösungen zu suchen, die das agile Arbeiten vereinfachen und verbessern. Dies kann durch die Einführung neuer Technologien, Tools oder Prozesse erreicht werden.
6. Schaffen Sie ein Umfeld, in dem Führungskräfte sich über agiles Arbeiten austauschen und ihre Erfahrungen und Ideen teilen können. Dies hilft ihnen dabei, neue Wege zu finden, wie sie ihre Teams besser führen können.
7. Ermutigen Sie Führungskräfte, agiles Arbeiten in ihren Teams zu fördern. Dies bedeutet, dass sie ihren Mitarbeitern helfen müssen, ein besseres Verständnis für das agile Arbeiten zu entwickeln, damit sie effizienter arbeiten können.

- **Handlungsempfehlungen für die Führungskräfte Ihres Unternehmens**

1. Ermutigen Sie alle Mitarbeiter, sich mit agilen Arbeitsmethoden vertraut zu machen. Erklären Sie ihnen, wie diese Methoden ihnen helfen können, effektiver und effizienter zu arbeiten.
2. Ermutigen Sie die Mitarbeiter dazu, sich aktiv an der Entwicklung neuer Methoden zu beteiligen. Ermutigen Sie sie dazu, neue Ideen zu entwickeln und zu teilen.
3. Ermutigen Sie die Mitarbeiter, sich auf Weiterbildungen und Schulungen zu agilen Arbeitsmethoden einzulassen, um ihr Verständnis und ihre Fähigkeiten zu verbessern.
4. Ermutigen Sie die Mitarbeiter, sich gegenseitig zu unterstützen und zu helfen, wenn sie neue Methoden ausprobieren.

5. Führen Sie regelmäßige Meetings ein, in denen Mitarbeiter über ihre Erfahrungen mit agilen Methoden und Probleme, die sie haben, diskutieren können.
6. Seien Sie bereit, sich selbst mit agilen Methoden vertraut zu machen und das Wissen an andere weiterzugeben.
7. Belohnen Sie diejenigen, die sich mit agilen Methoden auseinandersetzen und sie anwenden.

- **Handlungsempfehlungen für die älteren Mitarbeiter Ihres Unternehmens**

1. Ermutigen Sie ältere Mitarbeiter dazu, neue agile Arbeitsmethoden zu erlernen. Da sich die Arbeitswelt ständig weiterentwickelt, ist es wichtig, dass ältere Mitarbeiter sich an die neuen Arbeitsmethoden anpassen. Nutzen Sie Trainings oder Unterricht, um ihnen das neue Wissen beizubringen.
2. Schaffen Sie eine Kultur der Flexibilität. Es ist wichtig, dass ältere und jüngere Mitarbeiter zusammenarbeiten und sich gegenseitig respektieren. Ermutigen Sie beide Seiten, neue Ideen auszuprobieren und die Arbeit auf flexible Weise zu erledigen. Fördern Sie die Kreativität und das Problemlösungsvermögen aller Generationen, um innovative Lösungen zu finden.
3. Bieten Sie Mentoring-Programme für ältere Mitarbeiter an. Ein Mentoring-Programm kann helfen, ältere Mitarbeiter zu unterstützen, während sie neue agile Arbeitsmethoden erlernen. Damit können sie ihre Fähigkeiten erweitern und gleichzeitig jüngeren Mitarbeitern helfen, sich zu entwickeln. Setzen Sie aber auch auf ein altersübergreifendes Mentoring und Schulungsprogramm, um den Wissensaustausch und die Kollaboration zu fördern.
4. Fördern Sie die Kommunikation zwischen älteren und jüngeren Mitarbeitern. Eine gute Kommunikation hilft, das Verständnis und die Zusammenarbeit zwischen den Generationen zu verbessern. Schaffen Sie eine Umgebung, in der alle Mitarbeiter sich sicher und wohl fühlen, Ideen auszutauschen und zu diskutieren.
5. Nutzen Sie Technologie, um gemeinsam an Projekten zu arbeiten. Moderne Technologie kann eine große Hilfe sein, wenn es darum geht, ältere und jüngere Mitarbeiter zusammenzubringen. Schaffen

Sie eine Plattform, auf der jeder mit jedem leicht kommunizieren und an Projekten arbeiten kann. Dies stärkt den Teamgeist und fördert den Wissensaustausch.

6. Ermutigen Sie die älteren Mitarbeiter, sich in der Community zu engagieren und sich über neue Entwicklungen und Trends auf dem Laufenden zu halten.

7. Seien Sie offen für neue Ideen und Lösungsansätze, die von jüngeren Mitarbeitern kommen. Ermöglichen Sie den jüngeren Mitarbeitern, die Führung zu übernehmen und neue Ideen auszuprobieren.

Das Generational-Leadership-Modell

5

Wir konnten wertvolle Erkenntnisse darüber liefern, wie agile Arbeitsmethoden Führungskräfte in der generationsübergreifenden Zusammenarbeit unterstützen. Des Weiteren konnten theoretische Inhalte Aufschluss über die verschiedenen Bedürfnisse der vier Generationen geben. Auf dieser Grundlage wurde das Generational-Leadership-Modell aufgestellt, welches Führungskräfte bei der generationsübergreifenden Führung unter dem Einsatz agiler Arbeitsmethoden unterstützt. Das Modell besteht aus vier entscheidenden Bausteinen (s. Abb. 5.1), die im weiteren Verlauf dieses Kapitels näher beschrieben werden. Anhand des Modells lässt sich ablesen, auf welche Bedürfnisse die Führungskräfte bei den Generationen eingehen müssen, wenn sie eine agile Denkweise umsetzen, welche drei Konfliktpotenziale generationsübergreifender Führung sich durch den Einsatz agiler Arbeitsmethoden lösen und abschließend, welche Bedürfnisse der Generationen dadurch befriedigt werden.

Führungskräfte müssen auf die unterschiedlichen Bedürfnisse der Generationen eingehen

Angefangen bei dem agilen Mindset, welches als wichtiger Faktor für die erfolgreiche Umsetzung agiler Arbeitsmethoden beschrieben wurde, lassen sich anhand des Modells für jede Generation verschiedene Bedürfnisse erkennen, auf die Führungskräfte unbedingt eingehen sollten, wenn sie ihre Mitarbeiter zu einem agilen Mindset bewegen wollen. Für jede Generation werden in dem oberen Teil des Modells drei Haupteigenschaften genannt, über die eine Führungskraft altersgemischter Teams Bescheid wissen muss. Bei der Generation Baby Boomer ist es wichtig, eine vertrauensvolle Beziehung aufzubauen, um dieser Generation ein Gefühl von Sicherheit und Beständigkeit zu vermitteln. Da diese Generation Veränderungen im Umfeld

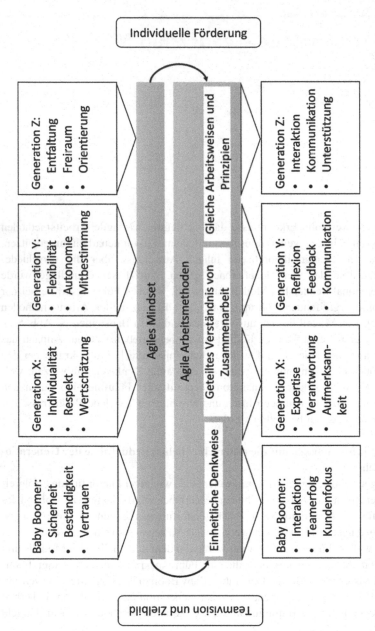

Abb. 5.1 Das Generational-Leadership-Modell

eher vermeidet, bedarf es hier eines bedachten Vorgehens, wenn es darum geht, eine agile Denkweise gegenüber den Baby Boomern zu vermitteln. Somit müssen Organisationen und ihre Führungskräfte diese Generation frühzeitig in den Transformationsprozess aktiv einbinden. Dabei ist es wichtig ihnen ein Gefühl von Sicherheit zu vermitteln, um sie als Unterstützer und Befürworter für agile Arbeitsweisen zu gewinnen. Durch ihre Erfahrungen können sie für Führungskräfte wertvolle Begleiter in der Transformation sein und zusätzlich als Ansprechpartner für die jüngere Generationen bereitstehen. Die vertrauensvolle Beziehung zu der Generation Baby Boomer können Führungskräfte durch persönliche Interaktion am Arbeitsplatz aufbauen. Insbesondere jüngere Führungskräfte sollten nicht davor zurückschrecken, Beratung und Hilfsstellung bei der älteren Generation zu suchen. Diese Art von Wertschätzung unterstützt eine vertrauensvolle Zusammenarbeit und bildet das Fundament für eine agile Denkweise bei der Generation Baby Boomer.

Bei der Generation X stehen wiederum andere Bedürfnisse im Vordergrund, welche eine Führungskraft berücksichtigen sollte. Sie verlangen eine Wertschätzung gegenüber ihrer Person und Tätigkeit und einen respektvollen Umgang miteinander. Diese Generation liegt viel Wert darauf, ihren Erfahrungsschatz miteinbringen zu dürfen. Die Mitglieder dieser Generation wollen, dass ihre Handlungen von der Führungskraft gesehen werden und Anerkennung finden. Für Führungskräfte bedeutet dies unter anderem eine Kommunikation auf Augenhöhe. Eine Führung von oben, ohne die Einbindung in wichtige Entscheidungsprozesse, wird bei der Generation X nicht funktionieren. Der hier von Führungskräften abverlangte partizipative Führungsstil könnte für Führungskräfte der Generation Baby Boomer eine Herausforderung darstellen, da diese mit einem eher autoritär geprägten Führungsverhalten in der Berufswelt aufgewachsen sind. Umso mehr sind ältere Führungskräfte dazu angehalten, die Perspektiven und Bedürfnisse der jüngeren Generation zu verstehen und zu respektieren. Ein wichtiges Bedürfnis der Generation X ist Raum für individuelles und unabhängiges Arbeiten. Insbesondere mit Blick auf ein agiles Mindset und agile Arbeitsweisen begegnen der Führungskraft somit zusätzliche Herausforderungen, die Generation X in den Transformationsprozess einzubinden. Die Führungskraft kann jedoch über das eigenverantwortliche Arbeiten, welches im agilen Kontext große Bedeutung hat, dem Wunsch nach Selbstständigkeit entgegenkommen. Dabei ist es jedoch von großer Bedeutung, dass zwischen dem Vorausgesetzten und dem Mitarbeiter ein vertrauensvolles Verhältnis besteht. Gegenseitiges Vertrauen bildet das Fundament für den Erfolg von autonomen Teamstrukturen.

Bei der Generation Y steht der Wunsch nach Flexibilität im Vordergrund. Dabei wollen die Mitglieder dieser Generation ihren Arbeitsalltag frei gestalten können

und nicht an unnötige Prozesse gebunden sein. Diesen Freiraum müssen Führungskräfte respektieren und auch ermöglichen. Des Weiteren wollen sie unabhängig und
eigenverantwortlich arbeiten können. Für diese Generation ist es von Bedeutung,
ihre Aufgaben eigenständig zu organisieren. Für Führungskräfte, insbesondere die
Generation Baby Boomer, besteht hier die Herausforderung, sich auf diese Art
und Weise der Arbeit und Zusammenarbeit einzustellen. Die Führungskraft muss
dem Mitarbeiter vertrauen, dass die Aufgaben und Tätigkeiten vollständig umgesetzt werden, doch auf die Art und Weise der Umsetzung kann nur noch wenig
Einfluss genommen werden. Trotz des gewünschten Freiraums der Generation Y
sollte die Führungskraft weiterhin als enger Ansprechpartner der Generation zur
Verfügung stehen. Dabei ist es Aufgabe der Führungskraft, diese Generation dabei
zu unterstützen, autonomes Arbeiten erfolgreich zu adaptieren und auch mit der
gewünschten Flexibilität richtig umzugehen. Folglich nimmt die Führungskraft hier
die Rolle eines Coaches ein. Ein weiterer wichtiger Aspekt für die Generation Y
ist der Wunsch nach Mitbestimmung. Insbesondere mit Blick auf die Adaption
eines agilen Mindsets sollten Führungskräfte diese Mitarbeiter frühzeitig aktiv in
die agilen Transformationsprozesse einbinden. Sie verlangen ein Mitspracherecht
und wollen nicht erst über Umwege und Dritte über bereits getroffene Entscheidungen im Unternehmen erfahren. Grundsätzlich bringt die Generation Y bereits
viele Eigenschaften und Bedürfnisse mit, die auch in die Richtung einer agilen
Denkweise zeigen. Aus diesem Grund kann diese Generation Führungskräfte dabei
unterstützen, ein agiles Mindset für andere Mitarbeiter vorzuleben.

   Die Bedürfnisse der Generation Z gehen in eine ähnliche Richtung wie bei der
Generation Y, wobei Führungskräfte dieser Generation Unterstützung in der Orientierung innerhalb der Organisation bieten müssen. Wie bereits beschrieben, sucht die
Generation Z vermehrt nach Orientierung im Leben. Dieses Bedürfnis überträgt sich
auch auf die Arbeitswelt, weswegen es Aufgabe der Führungskraft ist, die nötige
Unterstützung zu liefern, um erfolgreich in der Arbeitswelt anzukommen. Auf der
einen Seite proaktive Unterstützung anzubieten und auf der anderen auch hier wieder ausreichend Freiraum für die persönliche Entfaltung zu ermöglichen, bildet eine
herausfordernde Aufgabe für Führungskräfte. Denn wie schon bei der Generation Y,
müssen Führungskräfte den geforderten Freiraum der Generation respektieren. Die
jüngste Generation lebt ihren Alltag mit sehr viel Flexibilität und Entscheidungs-
freiräumen, durch die Nutzung digitaler Inhalte und Medien. Dadurch kann sich
diese Generation heutzutage in viele Lebensrichtungen frei entfalten. Und genau
diesen Raum der Entfaltung müssen Unternehmen und Führungskräfte ermöglichen. Dabei spielt die Führungskraft eine entscheidende Rolle, die Stärken und
Leidenschaften dieser jungen Mitarbeiter richtig zu verstehen und individuell zu
fördern. Eine zusätzliche Rolle, auf die sich Führungskräfte einstellen müssen.

Alle vier Generationen stellen ihre eigenen Anforderungen an die Führungskraft und an die Art und Weise der Zusammenarbeit. Sich dessen bewusst zu sein und diese Bedürfnisse zu verstehen, ist fundamental für die generationsübergreifende Führung. Es fördert die so wichtige vertrauensvolle Zusammenarbeit zwischen Mitarbeiter und Führungskräfte. Die Fähigkeit einer Führungskraft, individuelle Führung auf Basis der Bedürfnisse der jeweiligen Generation umzusetzen, bildet eine komplexe Herausforderung für heutige Führungskräfte. Dennoch ist es insbesondere im Rahmen von agilen Transformationsprozessen und bei der nachhaltigen Adaption eines agilen Mindsets unabdingbar, die individuellen Bedürfnisse und Forderungen an die Zusammenarbeit der Generationen zu verstehen. Dennoch zeigt das Modell auf, dass zum Beispiel die Generation Y bereits wertvolle Bedürfnisse an die Art und Weise der Zusammenarbeit stellt, die mit Blick auf das agile Mindset und dem Einsatz agiler Arbeitsmethoden unterstützend sein können.

Agiles Arbeiten schafft Vorteile in der generationsübergreifenden Führung
Welche Vorteile sich für Führungskräfte ergeben, wenn ein agiles Mindset und agile Arbeitsmethoden erfolgreich gelebt werden, zeigt der mittlere Teil des Generational-Leadership-Modells. In diesem Teil wird ersichtlich, welche Vorteile sich durch den Einsatz agiler Arbeitsmethoden bei der generationsübergreifenden Führung ergeben. Wir haben aufgezeigt, dass durch den Einsatz agiler Arbeitsmethoden eine einheitliche Denkweise und ein geteiltes Verständnis von Zusammenarbeit entstehen und sich diese positiv auf die verschiedenen Arbeitsweisen und Prinzipien der Generationen auswirken. Das agile Mindset bringt die verschiedenen Generationen in ihren unterschiedlichen Denkweisen zusammen. Es liefert passende Orientierungspunkte für jede Generation. Das geteilte Verständnis von Zusammenarbeit entsteht durch den prozessualen Rahmen von agilen Arbeitsweisen. Die vorgegebenen Arbeitsrituale und Prozesse innerhalb agiler Praktiken fördern ein einheitliches Verständnis von Zusammenarbeit. Auch wenn hier jede Generation unterschiedliche Anforderungen stellt, kann durch die Unterstützung der Führungskraft jede Generation etwas von ihren Bedürfnissen wiederfinden. Das einheitliche Verständnis von Zusammenarbeit trägt dann dazu bei, dass einheitliche Arbeitsweisen und Prinzipien generationsübergreifend entwickelt werden. Insbesondere durch die Umsetzung agiler Arbeitsmethoden entstehen iterative Arbeitsweisen, die Stabilität und Beständigkeit in der generationsübergreifenden Zusammenarbeit fördern. Es wird nach einheitlichen Prozessschritten gearbeitet und gleichzeitig genügend Freiraum und Autonomität für die Mitarbeiter und Teams gewährleistet.

Agile Arbeitsweisen gehen auf die Bedürfnisse der verschiedenen Generationen ein

Im unteren Teil des Generational-Leadership-Modells wird dann nochmal ersichtlich, auf welche Bedürfnisse der jeweiligen Generationen durch den Einsatz agiler Arbeitsmethoden eingegangen wird. Folglich können Führungskräfte daraus ableiten, welchen Mehrwert sie durch die Umsetzung agiler Praktiken erhalten. Bei jeder Generation werden Bedürfnisse adressiert und befriedigt, die es Führungskräften ermöglichen, erfolgreich generationsübergreifend zu führen. Bei der Generation Baby Boomer ergeben sich durch das agile Arbeiten ausreichende Interaktionsmöglichkeiten im Team. Die festen Meetings, wie zum Beispiel das Daily Scrum, bieten Raum für fachlichen Austausch und fördern insbesondere in Zeiten von Remote Work den Teamzusammenhalt. Des Weiteren ist es für die Generation Baby Boomer wichtig, Erfolge als Teamleistung anzusehen, was bei agilen Arbeitsmethoden fast immer zutreffend ist. Das Commitment des Teams auf ihre Ziele und das gemeinsame Abliefern von Produkten, Innovationen oder neuen Ideen steht im Vordergrund. Und regelmäßige Meetings wie das Sprint Review oder auch Retrospektiven geben dem Teamerfolg die verdiente Aufmerksamkeit. Als letzten Punkt wünscht sich die Generation Baby Boomer ein kundenorientiertes Arbeiten. Auch hier unterstützen agile Arbeitsmethoden durch den starken Kundenfokus in der Produktentwicklung. Somit können Baby Boomer die Schnittstelle zu den Kunden bilden und hier die Bedürfnisse des Kunden berücksichtigen. Mit Blick auf die generationsübergreifende Führung ergeben sich somit diverse Vorteile sowohl für die Generation Baby Boomer als auch für die Führungskraft selbst, wenn agile Arbeitsweisen erfolgreich umgesetzt werden.

Der Generation X ist es wichtig, Verantwortung zu übernehmen und ihre fachliche Expertise einzubringen. Durch die verschiedenen Rollen innerhalb agiler Arbeitsmethoden, wie zum Beispiel die des Product Owners, ergeben sich für Führungskräfte Möglichkeiten, auf diese Bedürfnisse einzugehen. Insbesondere mit Blick auf die Verantwortungsübernahme kann die Generation X hier eine wertvolle Rolle einnehmen. Zum einem für den eigenen Verantwortungsbereich und zum anderen kann diese Generation das Team dazu ermutigen, ganzheitlich Verantwortung für bestimme Produkte oder Prozesse zu übernehmen. Dabei können sie ihre fachliche Expertise gezielt einsetzen und den Teamerfolg unterstützen. Da der Teamerfolg nicht immer die oberste Priorität der Generation X sein kann, ergeben sich auch für Führungskräfte zusätzliche Mittel den Teamgedanken bei dieser Generation zu festigen. Neben der Verantwortungsübernahme und dem Einbringen fachlicher Expertise bekommt die Generation X durch die transparenten Prozesse agiler Arbeitsweise ausreichend Aufmerksamkeit in ihrer Arbeit – ein weiteres Bedürfnis dieser Generation, das befriedigt wird. Das regelmäßige Vorstellen von Arbeitsergebnissen gegenüber relevanten Stakeholdern sollte durch die Führungskraft unterstützt werden. Auch die Teilnahme der Führungskräfte an zum Beispiel Sprint Reviews oder Sprint Plannings verstärkt die Aufmerksamkeit und zeigt zusätzliche Wertschätzung der Arbeit.

Bei der Generation Y werden durch den Einsatz agiler Arbeitsweisen Bedürfnisse wie ausreichende Kommunikation und das regelmäßige Geben von Feedback bedient. Eine ausgereifte Kommunikation innerhalb agil arbeitender Teams ist ausschlaggeben für dessen Erfolge. Sie trägt dazu bei, Transparenz zu schaffen. Auch wenn jede Generation anders kommuniziert, bilden agile Arbeitsweisen durch ihre Meetings und Rituale einen guten Standard an Austauschmöglichkeiten. Führungskräfte werden dadurch unterstützt, der Generation Y ausreichend Raum für Mitbestimmung zu gewähren. Das Bedürfnis nach Feedback wird zum Beispiel durch die Durchführung von Retrospektive befriedigt. Da bei dieser Art der Reflexion jedoch die Zusammenarbeit im Team im Vordergrund steht, sollten Führungskräfte unbedingt darauf achten, zusätzliche Einzelgespräche zwischen Mitarbeiter und Führungskraft zu ermöglichen. Dadurch erhält die Generation Y die gewünschte Wertschätzung ihrer Leistung und kann sich auf Basis dessen stetig weiterentwickeln. Für Führungskräfte ist das ein entscheidender Vorteil, um die Generation Y erfolgreich zu führen. Das Bedürfnis der Kommunikation und Interaktion findet sich auch bei der Generation Z wieder. Darüber hinaus finden sie durch die enge Zusammenarbeit im Team ausreichend Unterstützung und müssen nur selten eigenständige Entscheidungen treffen, was sich positiv auf das Wohlbefinden der jungen Generation Z auswirkt. Der Rückhalt des Teams hilft dieser Generation, Orientierung zu finden. Durch die zusätzliche Unterstützung der Führungskraft entsteht somit ein förderndes Konstrukt, um diese Generation in ihrer beruflichen Entwicklung zu begleiten. Mit Blick auf alle vier Generationen zeigt das Generational-Leadership-Modell wertvolle Punkte, die sich durch die agile Zusammenarbeit für jede einzelne Generation ergeben. Folglich unterstützt das agile Arbeiten die Führungskraft in ihrer generationsübergreifenden Führung und dient als Hilfestellung, um gezielt auf die einzelnen Bedürfnisse der jeweiligen Generation einzugehen.

Neben der Umsetzung eines agilen Mindsets und dem Einsatz agiler Arbeitsmethoden, um auf die Bedürfnisse der verschiedenen Generationen einzugehen, ist es für Führungskräfte dennoch von besonderer Bedeutung, dass sie eine Teamvision und ein Zielbild vorgeben, an dem sich alle orientieren können. Diese beiden Aspekte helfen dabei, eine Teamidentität zu entwickeln, mit der sich jedes Teammitglied identifizieren kann. Dadurch entsteht ein Zugehörigkeitsgefühl und dieses fördert die Zufriedenheit der Mitarbeiter. Außerdem ist es wichtig, dass Führungskräfte, neben dem methodischen Rahmenwerk, zusätzlich eine individuelle Förderung gegenüber ihren Mitarbeitern anbieten. Diese kann durch regelmäßige Feedbacktermine oder Trainings ausgestaltet werden und dient dazu, die Mitarbeiter bei der agilen Transformation zu begleiten und verstärkt die einzelnen Bedürfnisse und Wünsche an die Zusammenarbeit zu berücksichtigen.

Das Generational-Leadership-Modell umfasst demnach Aspekte des agilen Führungsstils, da auch hier ein Fokus auf die Bedürfnisse der Mitarbeiter gerichtet wird. Darüber hinaus spielt auch die Teamvision beim agilen Führungsstil eine zentrale Rolle, da diese dazu beitragen soll, aus unterschiedlichen Persönlichkeiten und Kompetenzen eine funktionierende Einheit zu bilden. Das hier aufgestellte Modell liefert somit zusätzliche Erkenntnisse für Führungskräfte, crossfunktionale und altersgemischte Teams erfolgreich zu formen und zu führen. Weiterhin schafft das Generational-Leadership-Modell Bewusstsein über die Komplexität generationsübergreifender Führung und gibt einen Einblick in die unterschiedlichen Bedürfnisse der verschiedenen Generationen.

Fazit

6

Wir konnten Erkenntnisse darüber gewinnen, inwieweit agile Arbeitsmethoden generationsübergreifende Führung unterstützen und welche potenziellen Konfliktfelder durch den Einsatz vermieden werden können. Zum einen konnte aufgezeigt werden, dass agile Führungskräfte dazu beitragen, eine gemeinsame Vision und Ziele in ihren Teams vorzuleben. Dieses Vorgehen vereint die verschiedenen Generationen in ihrer Zusammenarbeit. Des Weiteren wurde aufgezeigt, dass die Selbstorganisation von Teams die Mitarbeiter dahingehend unterstützt, ein einheitliches Verständnis von Zusammenarbeit zu entwickeln. Damit bilden agile Arbeitsmethoden einen passenden Rahmen, in dem sich altersgemischte Teams entfalten können. Darüber hinaus konnten erste Zusammenhänge dahingehend festgestellt werden, dass es die verschiedenen Generationen in ihrer Denkweise verbindet, wenn Führungskräfte agile Arbeitsmethoden einsetzen. Diesbezüglich sind die Führungskräfte umso mehr dazu angehalten, ihre Mitarbeiter bei der Adaption einer agilen Denkweise zu unterstützen. Bei drei von vier untersuchten Generationen konnten weiterhin positive Zusammenhänge bezüglich einer offenen Einstellung gegenüber einer agilen Denkweise herausgearbeitet werden. Bei der Generation X war es im Rahmen unserer Untersuchung nicht möglich, einen positiven Zusammenhang festzustellen. Dennoch konnten wir hilfreiche Ansätze für Führungskräfte liefern, wie auch auf die Bedürfnisse der Generation X eingegangen werden kann. Das Generational-Leadership-Modell stellt dar, auf welche Bedürfnisse eine Führungskraft eingehen muss, wenn sie ein agiles Mindset vermitteln und in ihren altersgemischten Teams leben will. Des Weiteren zeigt das Modell drei Vorteile der Zusammenarbeit auf, die durch den Einsatz agiler Arbeitsmethoden entstehen und zu einer erfolgreichen generationsübergreifenden Führung beitragen können. Auf welche Bedürfnisse der vier Generationen durch

M. H. Dahm and L. Esters, *Generational Leadership*, essentials, https://doi.org/10.1007/978-3-658-42468-8_6

den Einsatz agiler Arbeitsmethoden eingegangen wird, beschreibt der untere Teil des Generational-Leadership-Modells.

Zusammenfassend können wir sagen: Eine Einführung agiler Arbeitsmethoden unterstützt Führungskräfte in der generationsübergreifenden Führung. Dabei fördern agile Arbeitsmethoden eine einheitliche Denkweise unter den Generationen sowie ein geteiltes Verständnis von Zusammenarbeit. Darüber hinaus bilden agile Arbeitsmethoden einen passenden methodischen Rahmen für eine generationsübergreifende Zusammenarbeit und ermöglichen eine einheitliche Arbeitsweise. Diese drei Aspekte unterstützen Führungskräfte dabei, generationsübergreifende Konflikte zu vermeiden. Hierbei ist es bedeutsam zu erwähnen, dass der Einsatz agiler Arbeitsmethoden Führungskräfte nur bis zu einem bestimmten Maße bei der generationsübergreifenden Führung unterstützt. Demnach ist es erforderlich, dass Führungskräfte über die verschiedenen Bedürfnisse der jeweiligen Generation Bescheid wissen. Die verschiedenen Rollen und Rituale agiler Arbeitsmethoden ermöglichen es der Führungskraft, gezielt auf die einzelnen Bedürfnisse der Generationen einzugehen. Insbesondere mit Blick auf das agile Mindset, welches fundamental für die Umsetzung agiler Arbeitsmethoden ist, müssen Führungskräfte als Coach und Mentor ihren Mitarbeitern zur Seite stehen. Die Anwendung eines agilen Führungsstils unterstützt dieses Vorgehen. Der Führungsstil Generational Leadership bedeutet demnach, durch die Unterstützung agiler Arbeitsmethoden generationsübergreifend zu führen und gleichzeitig ein Bewusstsein über die Bedürfnisse der unterschiedlichen Generationen zu entwickeln.

Handlungsempfehlungen für Unternehmen

- **Verstehe die verschiedenen Generationen:** Um Generational Leadership zu praktizieren, ist es wichtig, die unterschiedlichen Bedürfnisse, Erwartungen und Arbeitsstile der verschiedenen Generationen zu verstehen. Es ist wichtig, eine Unternehmenskultur zu schaffen, die die verschiedenen Generationen einbezieht und ihnen die Möglichkeit gibt, ihre Talente und Fähigkeiten voll auszuschöpfen.
- **Nutze agile Arbeitsmethoden:** Agile Arbeitsmethoden wie Scrum, Kanban oder Design Thinking sind wichtige Werkzeuge, um Teams agil und effektiv zu führen. Durch agile Methoden können Teams schnell auf Veränderungen reagieren, sich flexibel anpassen und kreativ arbeiten. Dabei

ist es wichtig, die agile Arbeitsweise nicht als Dogma zu verstehen, sondern flexibel auf die Bedürfnisse der Mitarbeiter einzugehen.

- **Fördere den Wissenstransfer:** Der Austausch von Wissen und Erfahrungen zwischen den Generationen ist wichtig, um voneinander zu lernen und die Zusammenarbeit zu verbessern. Unternehmen sollten deshalb Möglichkeiten schaffen, um den Wissenstransfer zwischen den Generationen zu fördern, zum Beispiel durch Mentoring-Programme oder interne Schulungen.
- **Schaffe eine offene Kommunikationskultur:** Offene und transparente Kommunikation ist ein wichtiger Faktor, um die verschiedenen Generationen erfolgreich zu führen. Unternehmen sollten deshalb eine offene Kommunikationskultur fördern, in der die Mitarbeiter ihre Meinungen und Ideen frei äußern können.
- **Biete flexible Arbeitsmodelle an:** Die verschiedenen Generationen haben unterschiedliche Anforderungen an ihre Arbeit und ihr Arbeitsumfeld. Unternehmen sollten deshalb flexible Arbeitsmodelle anbieten, wie zum Beispiel Homeoffice, Teilzeit oder flexible Arbeitszeiten. Durch flexible Arbeitsmodelle können Mitarbeiter besser auf ihre individuellen Bedürfnisse eingehen und ein besseres Gleichgewicht zwischen Arbeit und Privatleben erreichen.
- **Setze auf Diversität:** Diversität ist ein wichtiger Faktor, um die Herausforderungen der unterschiedlichen Generationen zu meistern. Unternehmen sollten deshalb auf eine vielfältige Belegschaft setzen und auf eine diskriminierungsfreie Unternehmenskultur achten. Eine vielfältige Belegschaft trägt zur Innovation und Kreativität bei und hilft Unternehmen, flexibler auf Veränderungen zu reagieren.

Generational Leadership und agile Arbeitsmethoden können Unternehmen dabei helfen, erfolgreich zu sein und die Herausforderungen der verschiedenen Generationen zu meistern. Durch das Verständnis der Bedürfnisse und Erwartungen der Mitarbeiter sowie die Schaffung einer offenen und flexiblen Arbeitskultur können Unternehmen ihre Mitarbeiter optimal führen und fördern.

Was Sie aus diesem *essential* mitnehmen können

- Empirisch belegbare Erkenntnisse zum Thema generationsübergreifende Führung
- Wertvolle Hilfestellungen für Führungskräfte, um im Unternehmen erfolgreich generationsübergreifend zu führen
- Wichtige Tipps, wie durch den Einsatz agiler Arbeitsmethoden generationsübergreifende Konflikte in der Führung und Zusammenarbeit vermieden werden können

Literatur

Brademann, I., Piorr, R. (2019) Generation Z – Analyse der Bedürfnisse einer Generation auf dem Sprung ins Erwerbsleben. In: Hermeier, B., Heupel, T., Fichtner-Rosada, S. (Hrsg), Arbeitswelten der Zukunft. Springer Fachmedien, Wiesbaden

Beck, Kent, Beedle, Mike, van Bennekum, Arie, Cockburn, Alistair, Cunningham, Ward, Fowler Martin, Grenning, James, Highsmith, Jim, Hunt, Andrew, Jeffries, Ron, Kern, Jon, Marick, Brian, Martin, Robert C., Mellor, Steve, Schwaber, Ken, Suther- land, Jeff, Thomas, Dave (2001) Manifest für Agile Softwareent- wicklung, http://agilemanifesto.org/iso/de/manifesto.html. Zugegriffen: 21 Juni 2023

Brinkmann, S. (2020) Arbeitswerte der Generation Y im internationalen Vergleich: Analyse der Heterogenität arbeitsbezogener Werte nach den GLOBE-Kulturclustern. Springer, Wiesbaden

Bjorkholm, J., Bjorkholm, T. (2015): Kanban in 30 Days. ImPackt Publishing, Birmingham

Eilers, S. (2019) Generation Z in Deutschland, in Generation Z im Vier-Länder-Vergleich. Rainer Hampp Verlag, Augsburg

Grabbe, J., Götz, R., Mühlenbrock, I. (2021) Arbeits- und Beschäftigungsfähigkeit – Betriebe im Wandel stärken. In: Klaffke, M. (Hrsg) Generationen Management. Springer Fachmedien, Wiesbaden

Grots, A., Pratschke, M. (2009) Design Thinking – Kreativität als Methode. In: Marketing Review St. Gallen, 2. Aufl., Bd. 26

Häusling, A. (2020) Agile Organisationen: Transformationen erfolgreich gestalten – Beispiele agiler Pioniere, 2. Aufl. Haufe Group. München, Stuttgart

James, O. R. (2017) Generation X, Y and the baby boomers. In: Social Issues, Justice and Status. Nova Science Publishers, Inc., New York

Joyce, C. (2016) Being An Agile Leader-Manager: Practical Skills to Handle People Challenges in Today's World of Work. Panoma Press

Kast, R. (2021) Herausforderung Führung – Führen in der Mehrgenerationengesellschaft. In: Klaffke, M. (Hrsg), Generationen-Management. Springer Fachmedien, Wiesbaden

Klaffke, M. (2021) Generationen-Management: Konzepte, Instrumente, Good-Practice-Ansätze, 2. Aufl. Springer Gabler, Wiesbaden

Kochhan, C., Cosima K., Bolduan, G. (2021) Generation Y und Arbeitsmarkt. In: Kochhan, C., Kitze, C., Bolduan, G. (Hrsg), Bewerberkommunikation für Hochschulabsolventen der Generation Y. Springer Fachmedien, Wiesbaden

Kolland, F., Wanka, A. (2015) Von den Baby Boomern zur Generation Y Eine empirische Studie. Wien, Wirtschaftskammer Wien

Kunze, F., Boehm, S. A., Burch, H. (2011) Generational leadership – How to manage five different generations in the workforce, From Grey to Silver. Springer, Berlin

Mangelsdorf, M. (2017) Von Babyboomer bis Generation Z: der richtige Umgang mit unterschiedlichen Generationen im Unternehmen. GABEL Verlag, Offenbach

Meyer, K. (2020) Persönlichkeit und Selbststeuerung der Generation Z: Ein Leitfaden für Bildungsträger und die mittelständische Unternehmenspraxis. Springer Fachmedien, Wiesbaden

Measey, P. (2015) Agile foundations: principles, practices and framework. BCS Learning & Development, Swindon

Odgers Berndtson (2021). Manager Barometer 2021–2022. https://www.odgersberndtson.com/media/11152/ob-managerbarometer-2122.pdf. Zugegriffen: 24 Juni 2023

Oertel, J. (2021) Baby Boomer und Generation X – Charakteristika der etablierten Beschäftigten-Generationen. In: Klaffke, M. (Hrsg), Generationen-Management. Springer Fachmedien, Wiesbaden

Pichler, R. (2013) Scrum: Agiles Projektmanagement erfolgreich einsetzen. Dpunkt.verlag, Heidelberg

Scholz, C. (2014) Generation Z: wie sie tickt, was sie verändert und warum sie uns alle ansteckt, 1. Aufl. Wiley-VCH Verlag GmbH & Co. KGaA, Weinheim

StepStone GmbH (2020). Agile Unternehmen – Zukunftstrend oder Mythos der digitalen Arbeitswelt? https://media.kienbaum.com/wp-content/uploads/sites/13/2020/02/Kienbaum_StepStone_Agile_Unternehmen_2020.pdf. Zugegriffen: 24 Juni 2023

Stein, J. (2013) Millennials: The Me Me Me Generation. https://time.com/247/millennials-the-me-me-me-generation/. Zugegriffen: 24. Juni 2023

von Velasco, C. (2017) Führen von und in verschiedenen Generationen. Führung im Zeitalter von Veränderung und Diversity. Springer, Wiesbaden

von Wissmann, I., Clasen, J., Krüger, A. (2021) Future Leadership: Generation Y motivieren und führen. Springer Fachmedien, Wiesbaden

Williamson, K., Bannister, M., Sullivan, J. (2010) The crossover generation: Baby boomers and the role of the public library, 3. Aufl., Bd. 42. Journal of Librarianship and Information Science

Yu, H., Miller, P. (2005) Leadership style: The X Generation and Baby Boomers compared in different cultural contexts, 1. Aufl. Bd. 26. Leadership & Organization Development Journal

Printed in the United States
by Baker & Taylor Publisher Services